초등학생이 꼭 읽어야 할

08

08_ 유럽과 아시아의 근대화

1판 1쇄 인쇄 | 2011. 12. 26.
1판 11쇄 발행 | 2025. 2. 14.

이희수 글 | 임영제 구성 | 박종호 그림

발행처 김영사 | 발행인 박강휘
등록번호 제 406-2003-036호 | 등록일자 1979. 5. 17.
주소 경기도 파주시 문발로 197 (우10881)
전화 마케팅부 031-955-3100 | 편집부 031-955-3113~20 | 팩스 031-955-3111

ⓒ 2011 이희수, 임영제, 박종호
이 책의 저작권은 저자에게 있습니다.
서면에 의한 저자와 출판사의 허락없이 내용의 일부를 인용하거나 발췌하는 것을 금합니다.

값은 표지에 있습니다.
ISBN 978-89-349-5588-7
ISBN 978-89-349-3487-5(세트)

좋은 독자가 좋은 책을 만듭니다. 김영사는 독자 여러분의 의견에 항상 귀 기울이고 있습니다.
전자우편 book@gimmyoung.com | 홈페이지 www.gimmyoung.com

| 어린이제품 안전특별법에 의한 표시사항 | 제품명 도서 제조년월일 2025년 2월 14일 제조사명 김영사 주소 10881 경기도 파주시 문발로 197 전화번호 031-955-3100 제조국명 대한민국 사용 연령10세 이상 ⚠주의 책 모서리에 찍히거나 책장에 베이지 않게 조심하세요.

초등학생이 꼭 읽어야 할

만화 바로보는 세계사

08_ 유럽과 아시아의 근대화

이희수 글 | 임영제 구성 | 박종호 그림

주니어김영사

작가의 말

세계사가 왜 재미있고, 세계사를 왜 꼭 알아야 하나요?

세계사는 다른 어떤 언어보다도 인류를 끈끈하게 묶어 주는, 우리 모두의 이야기입니다. 우리가 함께 이룩하고 나누었던 과거와 현재, 그리고 미래가 담겨 있는 오랜 삶의 관심사이자 지구촌 사람들의 공동 언어인 것입니다. 인류가 거쳐 온 세계의 역사를 모르고서 어떤 분야에서든 전문가가 되기란 쉽지 않을 거예요. 또한 폭넓은 세계사 지식을 공유하기 위해서는 무엇보다도 외국어를 습득하는 일이 우선적으로 필요하지요. 이렇게 쌓여진 세계사 관련 지식이야말로 21세기 글로벌 시대에 꼭 필요한, 최고의 경쟁력이 될 수 있습니다.

세계사는 재미있어야 합니다. 지금까지 공부해온 세계사는 그저 외울 것이 많아 지루하고 재미없는 골칫거리 과목이었을 거예요. 그러나 수만 년을 살아오는 동안 인류가 가꾸어온 무궁무진한 삶의 이야기를 상상해 보세요. 꼬리에 꼬리를 무는 흥미진진한 이야기가 한 권의 책 속에 모두 담겨 있다면 과연 그 책을 읽는 도중에 쉽사리 손을 떼고 잠들 수 있을까요? 더구나 생생한 재미가 고스란히 살아 있는 만화로 읽는 세계사라면 더 말할 것도 없이 밤새도록 흥미진진한 생각거리를 만들어 주기에 충분할 것입니다.

과거의 세계사는 지나치게 서양 중심으로 치우쳐 있었습니다. 하지만 이제는 역사에 대한 객관적인 인식과 함께 다양한 역사에 대한 존중과 올바른 이해가 필요한 시대입니다. 이 책에서는 인류역사에 큰 기여를 했음에도 서양 중심의 역사에서 소홀하게 다루어졌거나 지나치게 잘못되어 있는 부분들을 바로 잡으려고 노력했습니다. 고대 문명, 마야, 잉카, 중앙아시아, 아프리카 등 제3세계의 다양한 역사도 함께 소개하고 있습니다.

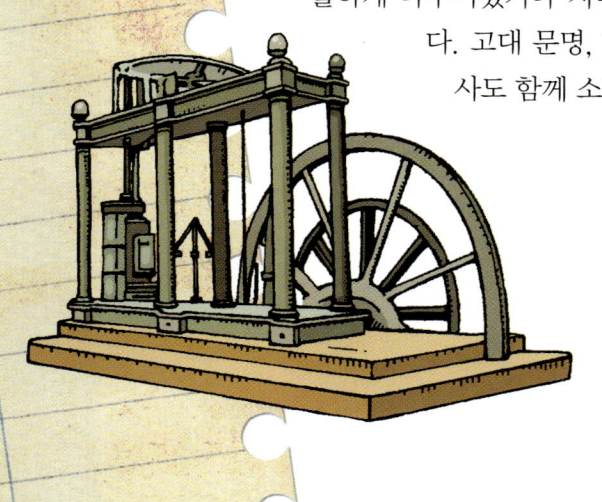

    세계의 역사를 공부함으로써 우리의 역사 또한 좀 더 객관적인 시각에서 바라볼 수 있게 될 것입니다. 독창적이고 고유한 우리의 역사도 결국 세계의 역사와 끊임없이 교류하고 서로 영향을 주고받으면서 형성된 것이기 때문입니다. 맹목적인 자기중심주의나 편협한 민족주의에서 벗어나 넓은 시야에서 균형감각을 가지고 자신의 역사를 되돌아보기 위해서라도 세계사 공부는 꼭 필요한 토대입니다.

    이집트의 피라미드에서, 잉카의 마추픽추에서, 그리스의 파르테논 신전에서, 인도의 타지마할에서, 캄보디아의 앙코르 와트에서도 우리는 인간의 위대함과 숭고한 예술성을 만날 수 있습니다. 오늘날 우주를 왕복하고, 최첨단의 기술로 인공두뇌를 개발하는 풍요의 시대야말로 고대인들의 역사 속에 축적된 지식과 삶의 지혜가 있었기에 존재할 수 있었습니다.

    이처럼 인류의 역사는 끊임없이 이어지는 시간과 공간의 연속입니다. 시대를 뛰어넘어 유기적으로 연결된 세계사를 공부함으로써 우리는 역사에 묻혀 있던 인류의 과거와 오늘의 참 모습을 찾고, 앞으로 나아가야 할 올바른 방향을 예견할 수 있습니다. 지나온 역사는 오늘날의 우리 자신을 비추는 거울이기 때문입니다.

    인류의 역사를 알면 알수록 여러분은 지구촌 한복판으로 한 걸음 가까이 다가갈 수 있을 것입니다. 인류의 공동언어인 세계 역사를 올바르고 폭넓게 배우고 호흡함으로써 여러분은 21세기 글로벌 시대의 진정한 주인공이 될 것입니다. 이 책은 바로 그런 여러분에게 바치는 과거의 역사이자 미래의 길잡이입니다.

이희수

구성작가의 말

역사는 과거 사람들의 생각, 언어, 살림살이, 정치 등 삶과 관련된 모든 것을 다루는 학문입니다. 그리고 현재 우리가 살고 있는 오늘의 생각, 언어, 살림살이, 정치 등이 미래에는 과거의 역사가 되는 것이지요. 지금 여러분이 배우고 즐기고 경험하는 모든 것들도 결국은 역사의 한 부분으로 남게 될 겁니다.

이렇게 우리의 삶과 관련된 모든 것을 다루고 있는 역사는 딱딱한 학문이라기보다 흥미진진한 이야기입니다. '역사'는 영어로 'history', 프랑스어로 'histoire', 그리고 이탈리아어로는 'storia'라고 하지요. 언어는 모두 다르지만 이 단어들에는 공통점이 있는데, 모두 '이야기'라는 의미를 담고 있다는 거예요.

한 나라가 어떻게 생겨나고, 사라지고, 서로 어떻게 경쟁하고, 전쟁이라는 이름 아래 어떻게 대립했는지 등에 관한 흥미로운 이야기들, 그리고 그 거대한 역사 속에서 한 개인이 어떻게 역사를 움직일 수 있었는지에 관한 크고 작은 이야기들이 얽히고설켜 역사라는 거대한 강을 이루는 것입니다.

역사의 숨은 이야기를 알아가는 과정은 매우 흥미롭습니다. 나이어린 왕이었으나 위대한 정복자로 이름을 남길 수 있었던 알렉산드로스, 코끼리를 타고 눈 덮인 알프스 산을 넘어 로마로 쳐들어갔던 한니발, 그리고 광활한 대륙을 통일하고 통일왕조를 이룬 진시황제……. 이들처럼 세계사에 중요한 획을 그은 위대한 인물들의 이야기를 알고 난다면 그들이 단지 책 속에서만 존재하는 것이 아니라 여러분 곁에서 살아 숨쉬는 동시대 인물처럼 느껴질 수도 있을 것입니다.

　주변 국가들하고만 교류할 수밖에 없었던 과거와 달리 21세기인 지금은 전 세계의 다양한 인종과 국가들이 서로 교류하고, 지구촌 곳곳의 사건, 사고를 실시간으로 접할 수 있을 만큼 세계는 하나로 연결되어 있습니다. 그리고 과거는 현재로, 현재는 다시 미래로, 인류의 역사는 우연과 필연을 반복하며 지금 이 순간도 돌고 돌지요.

　과거를 제대로 이해하는 사람은 더 나은 미래를 만들 수 있습니다. 이 책을 읽는 여러분들도 《바로보는 만화 세계사》 시리즈를 통해 알렉산드로스가 되어 세계로 뻗어나가는 꿈, 콜럼버스가 되어 신대륙을 찾는 꿈, 고선지 장군이 되어 대륙을 호령하는 꿈을 꾸고, 과거의 역사를 통해 미래를 개척해나갈 수 있는, 지혜롭고 용기 있는 사람이 되기를 바랍니다.

　지금 이 순간에도 세계 역사의 거대한 물결은 흐르고 있습니다.

임영제

그림작가의 말

처음 출판사로부터 세계사에 대한 작품 의뢰가 들어왔을 때 선뜻 승낙하지 않고 조금 망설였습니다. 세계사는 방대한 자료를 바탕으로 상상이 아닌 정확한 정보를 그림으로 표현해야 하는 작업이라 혹시라도 미흡하거나 잘못된 표현으로 독자들에게 사실과 다른 내용이 전달되지 않을까 하는 염려 때문입니다.

결국 주위 분들의 끈질긴 설득과 격려에 힘입어 어렵사리 용기를 내보기로 결심했습니다. 하지만 본격적으로 작품을 시작하기도 전에 먼저 방대한 자료 수집을 위해 엄청난 시간을 할애해야 했고, 뒤늦게 세계사 공부에 푹 빠져 살아야 했습니다. 그렇게 세계사 속으로 뛰어든 긴 여행이 벌써 1년을 훌쩍 넘기고 있습니다.

역사라는 것은 매듭과 매듭이 끊임없이 이어진 동아줄과 같습니다. 45억 년 전 지구가 태어나고도 훨씬 오랜 시간이 흐른 후, 비로소 인간의 역사가 시작된 날을 시작으로 우리가 살아가고 있는 오늘날까지, 인간의 발자취는 우연과 필연을 반복하며 끊임없이 계속되고 있으니까요.

기원전 250만 년 전, 지구에는 최초의 인류인 호모 하빌리스가 살았습니다. 그 후, 기원전 50~40만 년 전 인류는 간단한 언어를 사용하고, 처음으로 불을 사용하기도 했습니다. 아마 그 오랜 옛날 원시시대에도 생고기보다는 익혀먹는 고기가 훨씬 맛있다는 걸 알았나 봅니다.

불을 사용함으로써 삶의 방식이 완전히 달라진 인류에게 없어서는 안 될 또 한 가지는 바로 물이었습니다. 물이 없는 삶을 상상해 보세요. 보통 사람들이라면 물을 마시지 않고서는 단 하루도 버티기 힘들 거예요. 인류 문명의 발상지가 모두 커다란 강 가까이에서 발달한 것만 봐도 물의 중요성을 짐작할 수 있습니다.

인더스 강, 나일 강, 황허 강, 유프라테스 강 등에서 발달한 4대 문명을 바탕으로 인

류의 역사는 서서히 복잡한 매듭으로 얽히고설키기 시작합니다. 계급사회가 만들어지고, 영토를 넓히기 위해 강력한 무기들이 만들어지고, 정복당한 나라의 문명은 철저히 파괴되고, 정복자의 나라에는 새로운 영웅과 도시가 세워지고, 영원할 것 같던 대 로마제국도 결국 분열의 길로 접어들면서 역사의 뒤안길로 사라지고 말았습니다.

이 밖에도 세계사 속에는 무궁무진한 이야깃거리와 시공을 넘나드는 수많은 역사의 매듭들이 곳곳에 흩어져 있답니다. 지금 이 순간에도 역사는 현재진행형으로 살아 움직이고 있고, 먼 훗날 어쩌면 여러분 자신이 소용돌이치는 역사의 한 페이지를 장식할 주인공이 될 수도 있답니다. 때로 찬란하고, 때로 잔인할 수밖에 없었던 인류 역사의 생생한 현장을 네모 선장님과 함께 항해해 보는 건 어떨까요?

얼마 전에 유럽을 여행하고 돌아왔습니다. 《바로보는 만화 세계사》를 그리면서 사진으로만 봐왔던 역사 유물, 유적들을 직접 보고 만지고 느낄 수 있었습니다. 아름답게만 보이는 바티칸과 로마의 유적들을 돌아보다 문득 그 아름다움의 역사 뒤에 얼마나 많은 사람들의 고통과 아픔이 숨어 있을까 라는 생각이 들더군요. 세계사 속에 숨은 이야기를 알고 보면 이렇게 보여지는 것 이상의 것을 볼 수 있게 되나 봅니다.

유럽을 여행하는 동안 수집한 많은 자료들을 바탕으로 좀 더 재미있고 유익한 책을 만들도록 더욱 노력했습니다. 마지막으로, 부족한 저의 펜 끝으로 방대한 세계사를 그려낼 수 있도록 허락해 주신 이희수 교수님께 감사드립니다.

박종호

차례

- **1장** 영국에서 시작된 산업혁명 ... 12
  - 세계사 항해 48일째 ... 42

- **2장** 비스마르크와 독일 제국의 탄생 ... 44
  - 세계사 항해 49일째 ... 66

- **3장** 인도를 차지한 영국의 식민지 정책 ... 68
  - 세계사 항해 50일째 ... 86

- **4장** 유럽의 식민지가 된 동남아시아 ... 88
  - 세계사 항해 51일째 ... 104

5장	일본의 개항과 유럽의 아프리카 분할	106
	세계사 항해 52일째	128

6장	태평천국의 난에서 의화단까지, 중국의 근대화	130
	세계사 항해 53일째	162

7장	메이지유신과 일본의 대륙 침략	164
	세계사 항해 54일째	182

8장	서아시아의 근대화	184
	세계사 항해 55일째	206

1장
영국에서 시작된 산업혁명

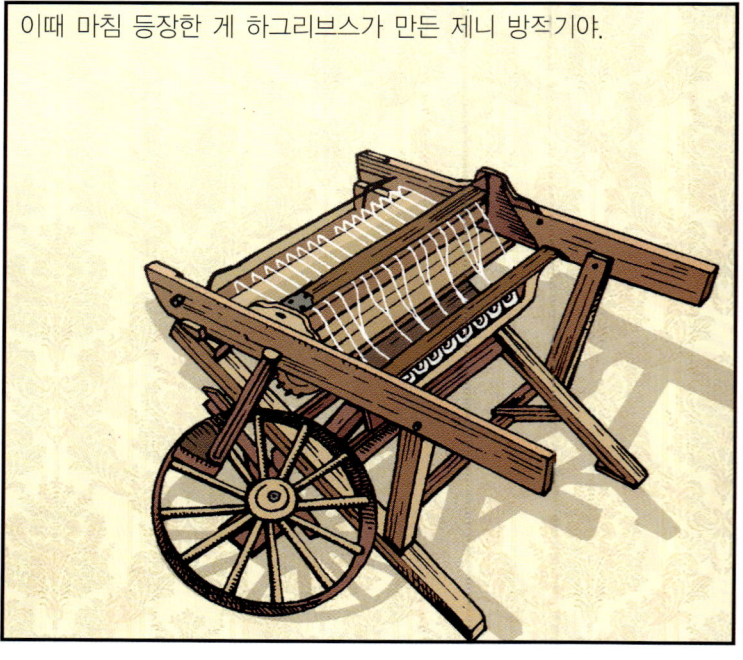

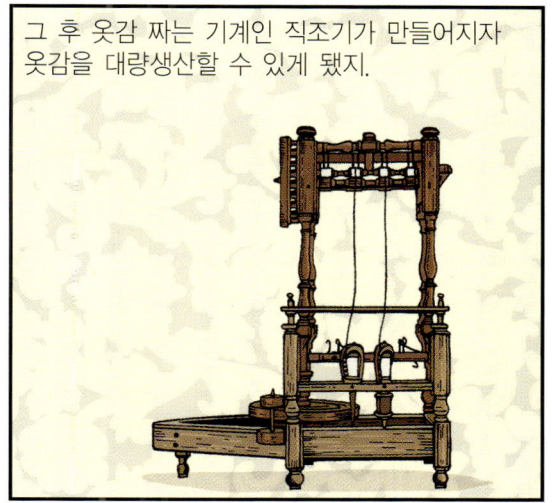

미국 또한 남북전쟁 이후 노예가 해방되면서 공장에서 일할 사람들이 많아졌어. 게다가 1869년 미국 대륙횡단철도가 완성되면서 미국의 산업화는 가파르게 성장했단다.

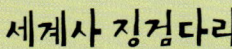

세계사 징검다리

산업혁명의 속도를 높여준 발명품들

현대는 전기나 기름으로 기계를 움직이지만 옛날에는 풍차, 물레방아, 바람 같은 자연의 힘으로 기계를 움직였습니다.

스코틀랜드의 제임스 와트는 1765년, 석탄을 너무 많이 써야 하는 이전의 증기기관과는 전혀 다른 혁신적인 증기기관을 만들었습니다.

공장을 지으려면 무조건 물가여야만 했지!

제임스 와트의 증기기관

미국에서는 기술자 로버트 풀턴이 증기기관을 동력으로 이용한 선박을 제작해서 배의 속도를 세 배나 높였습니다. 풀턴은 45미터짜리 증기선을 제작, 뉴욕의 허드슨 강에서 화려한 진수식을 펼쳤는데 최초의 증기선인 이 배의 이름은 클러몬트 호라고 합니다.

나, 클러몬트는 기존의 배로 96시간 갈 길을 불과 32시간 만에 돌파할 수 있다.

방직 기술의 개량

기계	발명가	연대	특징
자동 북	존 케이	1733	방적공 열 명이 작업할 면사를 한 명의 직공이 생산했다.
제니 방적기	하그리브스	1764	한 명의 직공이 여덟 가닥의 면사를 동시에 뽑아냈으나 실이 거칠었다.
수력 방적기	아크라이트	1769	수력을 이용하여 면사를 대량생산했지만 실이 굵었다.
뮬 방적기	크롬프턴	1779	제니 방적기와 수력 방적기의 장점을 합쳐 만든 기계로 가늘고 튼튼한 면사를 뽑아냈다.
동력 직조기	카트라이트	1785	증기기관을 동력으로 사용하여 옷감을 짰다.
조면기	휘트니	1793	면화에서 씨를 분리하는 기계로, 원래 50명이 하던 일을 한 명이 감당했다.

산업혁명기의 빛나는 발명품, 증기기관차

최초의 실용적인 증기기관은 1712년 토머스 뉴커먼과 1765년 제임스 와트가 발명했습니다. 이후에도 여러 사람들이 증기기관을 이용해 스스로 움직이는 차를 만들기 위해 노력했죠.

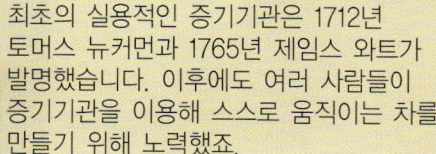

증기기관의 실용화는 '철도의 아버지'라 불리는 영국의 조지 스티븐슨에 의하 비로소 시작됐습니다.

1829년에 제작된 로켓 호

이 로켓 호는 1829년에 열린 기관차 경기에서 철도의 동력으로 말보다 증기기관차가 더 훌륭하다는 것을 증명해냈어! 나 로버트 스티븐슨은 설계에서 큰 역할을 했고 말이지, 어험.

이렇게 열차는 많은 화물과 석탄 같은 지하자원, 사람들을 이곳저곳으로 실어 나르면서 산업혁명에 불을 당겼습니다. 미국의 넓은 국토를 발전시키는 데에도 대륙횡단열차가 지대한 공헌을 했답니다.

▼미국 대륙횡단열차

인클로저 운동

토머스 모어는 그의 책 《유토피아》에서 이렇게 말했습니다. '양이 인간을 잡아먹는다.'
당대의 학자 휴 라티머도 '많은 사람들이 살고 있던 곳에 이제는 한 사람의 양치기와 그의 개가 있을 뿐이다.' 라고 말했습니다.

"양이 인간을 잡아먹는다."

이와 같은 말들은 땅 주인들이 농경지를 목장으로 바꾸고 농민들을 내몬 인클로저 운동을 비난하는 말들입니다. 16세기경 영국에서 시작된 '농경지를 목장으로 만들기' 라고 요약할 수 있는 운동이 바로 인클로저 운동이죠. 목장이 된 토지에 울타리를 쳐서 타인의 출입을 막았기 때문에 인클로저란 이름이 붙었답니다.

인클로저 운동이 갖는 의미는 중세 장원 경제가 완전히 무너졌다는 것을 나타냄과 동시에 새로운 사회경제체제의 주역을 탄생시키는 계기가 되었다는 사실입니다. 해외 식민지 무역의 확대와 산업혁명의 태동으로 상공업이 발달함에 따라 많은 농촌 인구들이 도시로 이동했으며, 도시는 더욱 번창하고 인구 또한 증가했습니다. 1540년에 6만 명에 불과했던 런던 인구는 1640년에는 30만 명, 1750년에는 70만 명으로 불어났을 정도랍니다.

"야, 들어오지 마. 이제 양 키울 거야!"

"이게 인클로저 운동의 핵심이야."

"아까 너희들이랑 같이 있던 아저씨와 이상하게 생긴 사람은 배 고치러 간다던데, 그럼 너희들 배 타고 온 거야?"

"응, 바다 건너서…. 헤헤!"

"아까 먹은 빵 덕분에 여기 있게 해주는 거야."

"고마워, 잘 알지!"

"그런데 저 애랑 같이 있던 아빠는 어디 가고 쟤만 여기 있는 거야?"

잠깐 GAME 세계사 사다리타기

산업혁명기의 어린이가 되어 보기! 당신의 선택은?

산업혁명기 영국에서 안 태어난 게 천만다행이다.

담요 공장	굴뚝 청소	광산	부잣집 문손잡이 닦기
축하합니다. 당신은 이곳에서 하루에 14시간 일합니다. (아침 6시~저녁 8시) 단, 일이 많아지면 더 많이!	비만 어린이라면 더더욱 축하해요. 굴뚝 청소할 아이들은 말라야 해서 먹을 것을 잘 안 주거든요.	광산에서 일할 아이들은 자기 돈으로 초를 사와야 해요. 초 살 돈이 없으면? 깜깜한 곳에서 일하는 거죠, 뭐.	평소에 지저분한 어린이라면 탁월한 선택. 막대기로 똥통에서 똥을 긁어서 부잣집 문손잡이를 닦으시면 됩니다. 참 쉽죠?

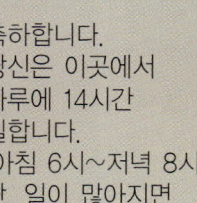

전 세계를 근대화의 바람으로 몰아넣은 산업혁명은 당시 사회구조와 사람들의 생활방식, 사고방식에 많은 영향을 주었단다. 신대륙과 유럽 대륙의 근대사를 이해하는 데 반드시 짚고 넘어가야 할 사건이라 할 수 있지. 그런 의미에서 무책임 선장과 살펴본 산업혁명의 다양한 면모를 다시 한 번 정리해 보는 시간을 가져보면 어떨까?

산업혁명이란?

18세기 후반, 신대륙과 유럽 대륙에 혁명의 거센 바람이 불고 있을 때, 섬나라 영국에서는 인류의 생활을 새롭게 변화시킬 만한 거대한 움직임이 일고 있었어. 다양한 기계가 발명되고, 증기기관을 동력으로 사용하면서 산업이 비약적으로 발전한 거야. 이 때문에 생산활동은 물론 사회구조에도 큰 변화가 일어났지. 18세기 후반부터 시작된 이같은 변화를 산업혁명이라고 한단다. 산업혁명 초기에는 여전히 사람의 힘에 의존해야 하는 수동식 기계와 수력을 이용하는 정도였어. 하지만 18세기 말부터 본격화된 증기기관과 방적기의 발명, 철도의 실용화 등으로 급격한 생산의 증대가 일어나면서 산업혁명은 그 속도를 더해 갔지. 영국의 산업혁명은 프랑스혁명과 함께 유럽의 근대화에 많은 영향을 준 중대한 사건으로 평가된단다.

→ **산업혁명은 왜 영국에서 처음 일어났을까?**

가장 먼저 영국에서 산업혁명이 일어난 것은 영국이 식민지 전쟁에서 승리하면서 광대한 해외 시장을 확보하고, 세계 무역의 패권을 장악한 덕에 풍부한 자본을 축적할 수 있었기 때문이었어. 게다가 영국은 새로운 공업 발전에 필요한 석탄과 철 등 자원이 풍부했고, 일찍이 청교도혁명과 명예혁명을 치른 덕에 정치, 사회가 안정되고 자유로운 경제활동이 보장됐지. 이와 더불어 제2차 인클로저 운동으로 많은 노동력이 도시에 모여 있어 산업발전에 용이한 환경이 조성되어 있었단다.

증기기관의 발명으로 방적기와 증기선, 증기기관차가 실용화되면서 면직물 공업과 교통 운송 수단에 큰 변화가 일어났단다. 또한 기계의 이용이 증가하면서 기계를 만드는 데 쓰이는 철의 수요가 많아졌고, 18세기 중엽 이후에는 거의 모든 분야로 철의 쓰임이 확대됐어. 더불어 철을 제련하는 용광로의 연료인 석탄에 관심이 쏠리게 되었단다. 이 때문에 증기기관의 연료로도 쓰였던 석탄의 수요는 기하급수적으로 늘어났지. 석탄은 영국 산업화 과정에서 없어서는 안 될 심장 같은 존재였던 거야.

산업혁명의 영향

산업혁명은 경제혁명이자 사회혁명이었단다. 전통적인 지주계급이었던 젠트리 이외에 산업 부르주아와 임금노동자 계급을 만들어냈거든. 또한 산업혁명으로 인해 17세기까지 총인구의 3/4을 차지하고 있던 농민인구가 감소하고 도시인구는 늘어났단다. 근대적인 두 계급의 형성과 도시화 현상은 서민생활에도 커다란 변화를 가져왔지. 산업혁명 이전, 농사를 짓던 시절에는 노동과 여가생활의 구분이 없었지만, 산업혁명 이후에는 노동시간과 여가시간의 구분이 명확해지면서 가족 간의 유대가 약해지기 시작했단다. 뿐만 아니라 산업화와 도시화로 인해 당시 영국의 많은 인구가 새롭게 생성된 신흥산업도시로 옮겨갔어. 하지만 주택, 상하수도, 가로등, 공원, 경찰, 소방 등 모든 도시 시설과 제도의 정비가 제대로 갖춰지지 않아 이즈막한 도시민들은 불편을 감수해야 했단다.

→ 산업화의 상징, 만국박람회

1851년 영국 런던에서 세계 최초로 근대적인 만국박람회가 열렸단다. 박람회가 열린 전시장은 철제 구조물과 유리로만 만들어져 수정궁이라 불렀지. 전시장에는 세계 각국에서 보내온 약 1만 4천 점의 갖가지 물건들이 전시되었는데 그중 절반은 산업화의 선두에 섰던 영국 제품들이었어. 영국은 기관차, 선박용 엔진, 수압식 인쇄기, 공작 기계 등을 선보이며 영국의 뛰어난 산업화 성과를 자랑하는 동시에 이를 수출하고자 했지. 그 후 만국박람회는 19세기 말까지 파리, 빈, 필라델피아, 시드니 등지에서 10회 정도 개최되었지. 특히 1889년, 파리에서 개최된 만국박람회장에는 프랑스혁명 100주년을 기념하는 에펠탑이 세워졌어. 높이 984피트(약 300m)의 철탑으로 만들어진 에펠탑은 근대화의 힘을 상징하기에 충분했단다.

2장 비스마르크와 독일 제국의 탄생

세계사 징검다리

독일을 통일로 이끈 프로이센의 위대한 승리들

슐레스비히와 홀시타인 지역분쟁 (1864)

독일인이 많이 살고 있던 슐레스비히, 홀시타인은 원래 덴마크 땅이긴 했으나 각기 자치권을 가지고 있었습니다. 그러던 어느 날…

오스트리아와 프로이센은 연합하여 이 지역을 빼앗고 나누어 지배하게 됩니다.

오스트리아와의 전쟁 (1866)

우리 프로이센은 1866년, 영토 문제로 오스트리아를 자극, 오스트리아와 전쟁을 벌였습니다. 결과는?

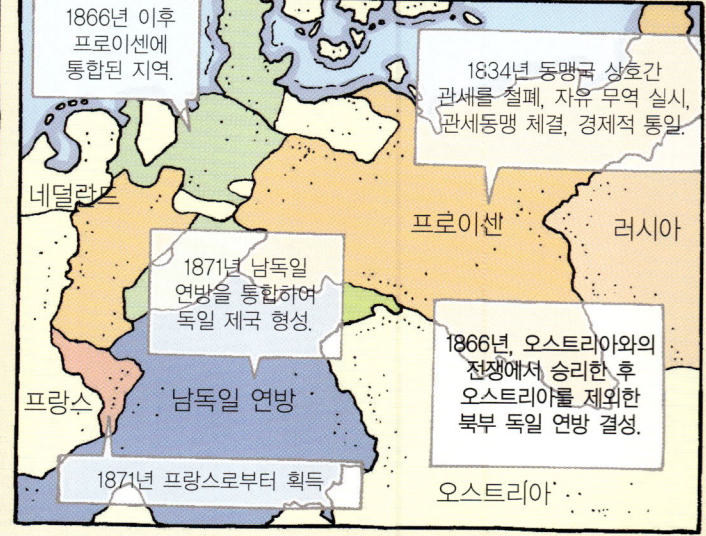

이 사건을 계기로 프로이센 국민들의 분노가 극에 달하면서 자연스레 전쟁 여론이 형성되었지. 잘 훈련된 프로이센군은 전쟁 두 달 만에 나폴레옹 3세를 포로로 잡고, 결국 파리를 포위하여 함락시켰어.

포로가 된 나폴레옹 3세.

그리고 파리 시외에 있는 베르사유 궁의 거울의 방에서 당시 프로이센 왕이었던 빌헬름 1세의 즉위식이 거행되면서 통일 독일의 황제가 탄생하게 된단다. 더불어 비스마르크는 통일 제국의 총리가 되었지.

반면 독일은 서유럽의 강대국이 되었지.

프랑스 사람들은 엄청나게 자존심 상했겠는데요?

응?

아이고, 숨차!

아니, 늑대 너 왜 그렇게 다급하게 뛰어오는 거야?

유대인들이 여기까지 쫓아오다니!

세계사 징검다리

유달리 유대인에게 가혹했던 독일

독일의 민족주의는 영국이나 프랑스에 비해 매우 폐쇄적이고 극단적인 형태로 나타났습니다. 금발, 푸른 눈, 흰 피부를 가진 게르만 인종은 창조주가 만든 최고의 걸작품으로, 다른 민족과 섞여서는 절대 안 된다고 생각했습니다. 이러한 독일의 게르만 인종 우월주의는 다른 민족에 대한 인종차별을 낳았습니다.
극단적 인종주의를 부추긴 사람은 영국의 휴스턴 체임벌린으로, 그의 저서 《19세기의 기초들》에서 게르만인에게는 지배 민족의 자질이 있다고 말했습니다.

유대인들에게 최고의 기회는 계몽주의와 프랑스혁명의 물결이 유럽을 휩쓸던 19세기 초였습니다. 자유주의의 영향으로 유대인들은 평등권을 얻게 되었으며, 게토에서 벗어나 자유롭게 살 수 있었습니다. 처음으로 맞이한 소중한 기회를 놓치지 않으려 유대인들은 온 힘을 기울여 자식들을 교육시키고 활발한 사회 진출을 꾀했습니다. 그 결과 1880년 빈 전체 시민 가운데 유대인은 10%에 불과했지만, 의대생의 38.6%, 법대생의 23.5%를 차지했습니다.

하지만 당시까지도 유대인은 대부분의 유럽에서 여전히 악의 화신이라 불리우며 가난과 차별 속에서 살았습니다. 특히 인종주의가 강한 독일에서 유대인에 대한 이미지는 기생충과 페스트균과 같은 존재로 묘사되고 취급받을 정도였습니다.

유대인의 정신과 문화를 이어준 또 하나의 경전 《탈무드》

역사적으로 수많은 시련과 서러움을 받은 유대인은 뿔뿔이 흩어져 살았지만, 유대인이라는 자부심과 정통성은 잊지 않았습니다. 이처럼 그들을 정신적으로 묶어 준 책은 《성경》과 지혜를 주는 책 《탈무드》였습니다. 《탈무드》는 유대인들이 역사 속 고난의 길을 지혜롭게 극복할 수 있도록 도왔습니다.

반유대주의는 19세기 말 유럽 전역에서 다시 기승을 부렸습니다. 유대인에 대한 조직적인 차별과 박해가 잇따랐죠. 그리고 게르만 민족의 인종우월주의는 결국 제2차 세계대전 중에 독일과 오스트리아에서 일어난 유대인 대학살(홀로코스트)로 이어졌답니다.

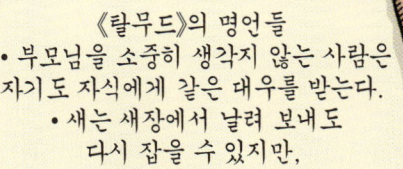

《탈무드》의 명언들
- 부모님을 소중히 생각지 않는 사람은 자기도 자식에게 같은 대우를 받는다.
- 새는 새장에서 날려 보내도 다시 잡을 수 있지만, 말은 입에서 나오고 나면 다시 주워담을 수 없다.
- 최고의 지혜는 친절과 겸손이다.

세계사 징검다리

격변기로 들어서는 러시아

위대한 해방자이자, 자유의 차르라 불리는 알렉산드르 2세.
크림전쟁 중 황제 알렉산드르 1세가 죽자,
갑작스럽게 왕위를 이어받은 알렉산드르 2세는
크림전쟁이 끝나자마자
'농민 생활조건 향상위원회'라는
비밀위원회를 설치해 철저히 준비한 후
농노 해방을 발효시켰습니다.
비밀위원회였음에도
'농노 해방'이라는 표현을 쓰지 못하고
'농민 생활조건 향상'이라 한 것은,
당시 차르(러시아 황제)에게 주어진
막강한 권력에도 불구하고 개혁이 얼마나
조심스러운 일이었는지를 말해 줍니다.
알렉산드르 2세는 그 밖에도 여러 개혁을
시도했는데 대표적인 것으로는 지방행정 개혁,
사법제도 개혁, 병역제도 개혁 등이 있습니다.
그중 사법제도 개혁은 알렉산드르 2세의 개혁 중
가장 후한 평가를 받고 있습니다.

위대한 해방자의 최후, 알렉산드르 2세의 암살

수많은 암살 위협을 받았던 알렉산드르 2세는 결국
암살되고 말았습니다. 1881년 3월 13일, 상트페테르부르크의
시가를 달리던 황제의 마차에 폭탄이 던져졌습니다.
폭음과 함께 코사크 호위병들이 죽고, 마부는 크게 다쳤죠.
그러나 놀랍게도 나폴레옹 3세가 선물한 방탄 마차 덕분에
황제는 무사했습니다.

하지만 폭음이 지나간 후 알렉산드르 2세는
호위병과 마부의 안부를 살피기 위해
마차 밖으로 모습을 드러냈습니다. 그 순간
두 번째 폭탄이 날아들어 알렉산드르 황제는
최후의 순간을 맞이하고 말았답니다.

아…! 의회 설립 요구를 견디다 못해
의회제도의 시행을 검토하는 위원회를
만들기로 한 날, 암살을 당하다니!

또한 블라디보스토크를 기반으로 태평양으로 진출하기 시작한 러시아는 일본과의 충돌도 피할 수 없게 된단다.

세계사 징검다리

크림전쟁과 나이팅게일

🧔 오늘은 크림전쟁에서 막 돌아온 나이팅게일을 만나 그의 솔직한 이야기를 들어 보도록 하겠습니다. 원래는 편안한 병원에서 근무할 수 있었는데 전쟁터로 자원했다고 들었습니다만….

👩 처음에는 런던에 있는 귀부인 환자들을 돌보는 기관의 간호 감독으로 임명됐는데, 난 좀 더 큰 뜻을 가지고 일하고 싶었어요.

🧔 처음 크림전쟁터에 갔을 때의 상황은 어떠했나요?

👩 쓸만한 시설이라고는 아무것도 없었어요. 우리 간호사들이 묵는 숙소에는 쥐와 벼룩이 들끓었고, 한 사람이 하루에 사용할 수 있는 물이라고는 약 0.57ℓ밖에 되지 않았죠. 식량도 가지고 온 비상식량을 써야만 했습니다.

🧔 환자들은 당신을 '등불을 든 여인'이라 불렀다는데? 또 귀국 후 제일 먼저 하고 싶은 일은?

👩 밤에도 등불을 들고 아픈 환자들을 돌봐서 붙여진 별명 같아요. 귀국 후에는 빅토리아 여왕에게 직접 병원개혁안을 건의하여 좀 더 체계적으로 환자들을 돌볼 수 있도록 노력할 생각입니다.

▲ 국제적십자에서는 '나이팅게일상'을 마련하여 매년 세계 각국의 우수한 간호사를 선발, 표창하고 있으며, '나이팅게일 선서'는 간호사의 좌우명으로 유명하다.

독일 연방 통일의 주도권을 쥐고 있던 오스트리아와 프로이센의 싸움은 결국 프로이센의 승리로 끝났단다. 그 뒤에는 빌헬름 1세와 비스마르크의 철혈정책이 있었지. 한편 19세기 중반에는 유럽의 산업혁명의 진전과 함께 자본주의의 모순이 드러나면서 사회주의 사상이 고개를 들기 시작했단다. 이번엔 철과 피로 통일을 이뤄낸 비스마르크와 빌헬름 1세, 1848년 공산당 선언으로 시작된 사회주의에 대해 알아보자꾸나.

독일 연방의 경제적 통합, 관세동맹

원래 하나의 국가였던 오스트리아와 프로이센은 통일의 주도권을 두고 서로 대립했단다. 오스트리아가 이탈리아 문제에 관심을 쏟고 있는 동안, 프로이센은 독일 연방 내부의 문제와 주위의 영토 유지에 힘을 기울였지. 당시 독일 연방은 영국이나 프랑스에 비해 산업 발전이 뒤쳐졌을 뿐만 아니라, 독일 연방 내의 국가를 오가는 상품에 대해서도 관세를 부과한 탓에 상업의 발달도 늦었단다. 독일 연방 중 상공업이 가장 발달했던 프로이센은 독일 연방의 경제 발전을 위해서는 관세 문제를 해결해야 한다고 주장하며 1834년, 프로이센을 중심으로 '관세동맹'을 결성해. 이로써 독일 연방은 경제적 통합을 이루어냈지. 특히 관세동맹에 오스트리아를 제외한 독일 연방의 모든 나라가 참가하면서 프로이센은 독일 통일의 중심에 설 수 있게 된단다.

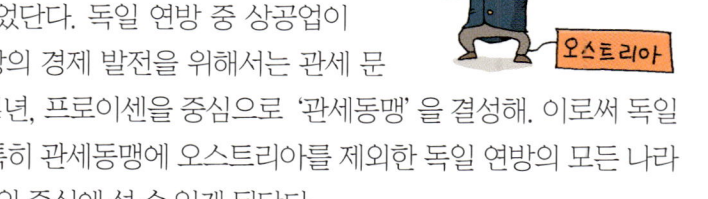

→ 비스마르크

비스마르크는 오스트리아가 독일 연방에 남아 있는 한 독일의 통일은 불가능하다고 판단, 전쟁을 준비했어. 1862년, 빌헬름 1세 때 재상이 된 그는 철혈정책을 통해 프로이센의 오래된 군대제도를 개편하고 세금을 통해 군비를 확보했단다. 그는 독일이 직면한 문제는 오직, 철(군사력)과 피(전쟁)에 의해서만 해결될 수 있다고 믿었어. 의회가 철혈정책에 반대하자, 비스마르크는 의회를 해산하고 본격적으로 전쟁을 시작해. 결국 세 번의 전쟁을 통해 독일 영토를 확장하고 오스트리아를 차지했으며 프랑스로부터 알자스·로렌 지역을 확보했단다. 이후 독일 국민의 영웅이 된 비스마르크는 후작 작위와 함께 제국의 총리로 임명되지.

→ 빌헬름 1세

프로이센 왕(재위 1861년~1888년)이자 독일의 황제(1871년~1888년)였던 그는 프로이센의 왕 프리드리히 빌헬름 3세의 차남으로, 보수적인 군인 기질을 지니고 있었어. 왕위에 오른 뒤, 비스마르크를 총리로 기용, 그의 철혈정책을 통해 강력한 육군을 만들었어. 1866년에는 오스트리아를 격파한 후 북독일 연방을 조직했고, 프랑스와의 전쟁에서도 승리해 1871년, 베르사유 궁전에서 독일황제로 즉위하지. 91세로 생을 마감할 때까지, 제국의 내정과 외교 정책은 비스마르크에게 거의 일임할 정도로 그를 신임했단다.

마르크스, 엥겔스와 함께 등장한 사회주의

19세기, 산업혁명이 진전됨에 따라 자본주의 사회의 모순이 드러나기 시작했어. 토지나 공장을 가지고 있던 자본가들은 더욱 부유해진 반면, 노동자들은 생계를 유지하기조차 힘든 낮은 임금에 시달려야 했거든. 게다가 기계화로 공장이 24시간 내내 가동되면서 노동자들의 노동시간은 오히려 늘어만 갔어. 과거 장인의 공방에서는 오랫동안 일을 배우면 기술자로 인정받을 수 있었지만, 분업화되고 기계화된 공장에서 노동자는 기계에 묶여 일을 하는 단순노무자에 불과했지. 노동자들은 일을 통해 보람을 느끼기는커녕, 낮은 임금이라도 받기 위해 불합리한 처우를 받아들여야 했단다. 사회주의는 이러한 저소득층 노동자들의 비참한 생활을 해결하기 위한 방법을 모색하는 과정에서 탄생했어. 마르크스와 그의 동료인 엥겔스는 1848년 '공산당 선언'을 발표하면서 노동자가 주인이 되는 공산주의 사회의 이상을 제시했지. 그들은 사회를 구성하는 계급을 크게 자본가 계급과 순수한 노동을 통해 생활을 유지하는 무산가 계급으로 나누었는데, 자본가 계급은 부르주아, 무산가 계급은 프롤레타리아라 불렀단다. 마르크스와 엥겔스가 말하는 공산주의 사회란 생산수단을 소수의 자본가가 독점하는 것이 아니라 사회가 공동으로 소유하고 공동으로 생산하는 사회를 말해. 이러한 체제는 노동자들에게 새로운 꿈과 희망을 가져다주었어. 이후 그들의 사상은 러시아혁명, 중국혁명 등에도 큰 영향을 미쳤단다.

● 공산당선언이란?

국제적인 노동자 조직이었던 공산주의자동맹의 요청으로 마르크스와 엥겔스가 발표한 것으로, 그들이 저술한 공산주의의 이론적·실천적 강령을 말해. 이 강령은 1848년 2월 런던에서 독일어로 발간된 이후, 순식간에 영어·프랑스어·러시아어로 번역되어 각국에 소개되었지. 이 선언은 사회·경제 이념과 정치적 강령이 포함되어 있는 공산주의에 관한 최초의 문헌으로 평가된단다.

3장 인도를 차지한 영국의 식민지 정책

이렇게 인도 북부에서 시작된 세포이 항쟁은 금세 인도 전역으로 확대되어 일반 인도 국민들도 합세한, 영국의 지배에 저항하는 인도 독립운동으로까지 발전했단다.

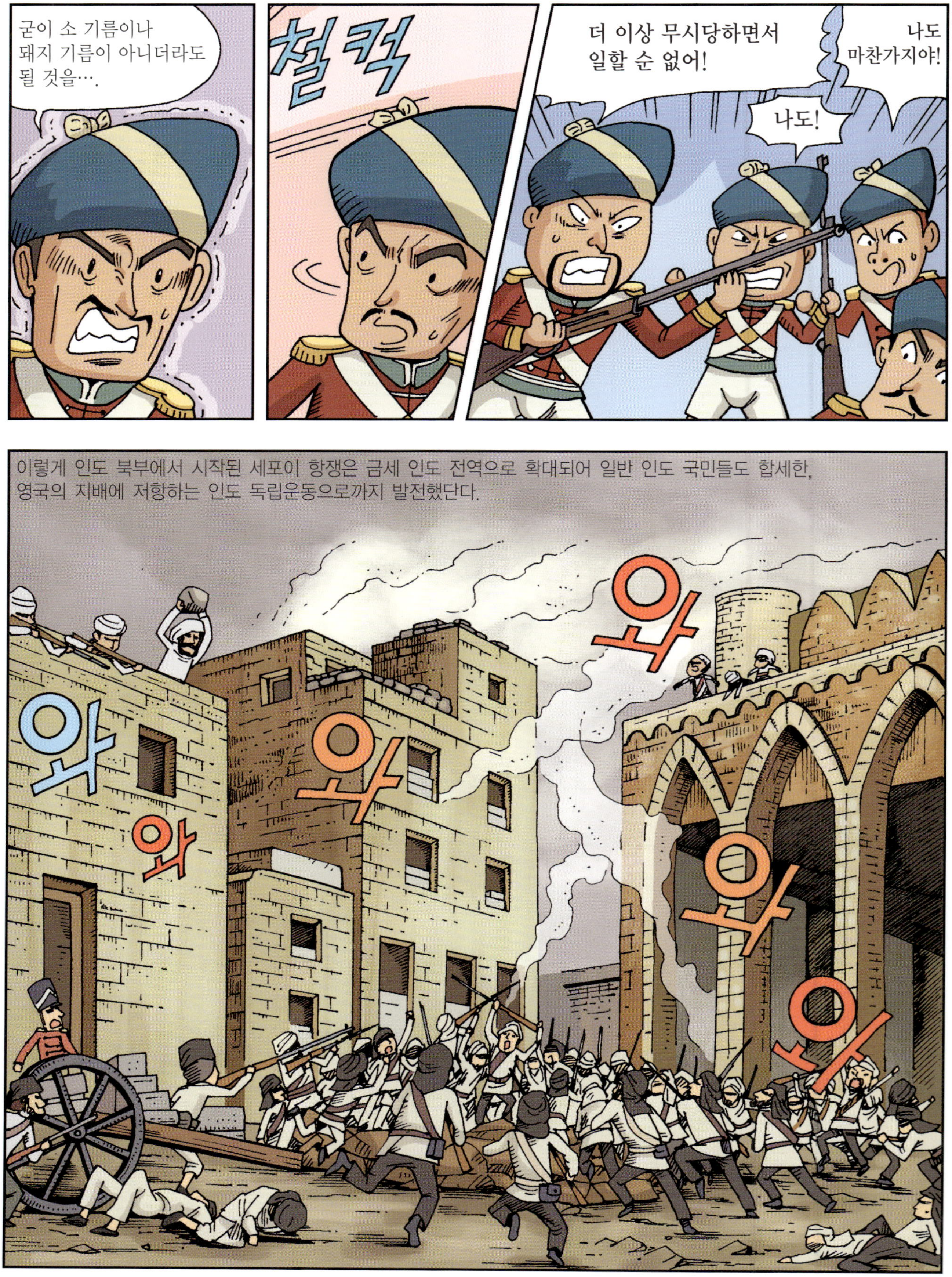

세계사 징검다리

인도가 걸어온 통일의 길

- (1600년) 영국의 동인도 회사 설립
- (1757년) 프랑스와의 전쟁(플라시전투) 승리로 영국이 인도 독점
- (1857년~1858년) 세포이 항쟁
- (1858년) 세포이 항쟁 결과, 무굴 제국을 완전히 무너뜨리고 영국이 직접 통치
- (1885년) 인도국민회의 탄생
- 벵골 분할령(1905년)과 대규모 반영운동

인도의 개혁을 이끌었던 주요 인물들

라자 람 모한 로이의 '브라모 사마지'

라자 람 모한 로이는 교육, 사회, 정치적 개혁을 추구하는 운동단체 '브라모 사마지'를 창설했습니다. 그는 기존 인도 문화를 부흥시키기 위해선 서구의 문물을 도입해야 한다고 주장했습니다. '인도의 근대화 선구자' 혹은 '인도 근대화의 아버지'라고 불리는 람 모한 로이는 신문에 대한 대영제국의 검열에 반대하며 언론과 종교의 자유, 서구의 학문 도입을 외쳤습니다. 또한 대영제국의 사법과 세무 행정에 대한 저항 운동을 이끌며 인도의 근대화 운동과 대영제국의 식민 지배에 맞서 싸웠습니다.

▲라자 람 모한 로이

▲다야난다 사라스바티

다야난다 사라스바티가 주도한 '아리아 사마지'

'브라마 사마지'가 그리스도교의 영향을 받았던 데 비해 다야난다 사라스바티가 주도한 '아리아 사마지'는 고유의 힌두교로 복귀할 것을 주장하며 인도인들의 종교 순화에 힘썼습니다. '아리아 사마지'는 종교 개혁뿐만 아니라 사회 개혁, 특히 교육 수준의 향상에 많은 노력을 기울였습니다. 이 운동은 민족주의적 저항을 뒷받침하는 사상으로 훗날 인도의 정치·사회에 큰 영향을 미쳤습니다.

마하트마 간디▶

이러한 인도인들의 각성은 마하트마 간디를 민족 지도자로 맞이하면서 새로운 계기를 마련했습니다. 그는 오늘날 인도 독립의 아버지이자 국부(國父)로 전 세계적인 위인으로 추앙받고 있습니다. 그의 비폭력 무저항주의는 인간에 대한 무한한 신뢰와 사랑을 바탕으로 한 것이었습니다.

산업혁명과 함께 당시 발전을 거듭했던 건 다름 아닌 과학 분야였어. 사회를 바꿔 놓을 만한 발명품과 과학적 탐사와 이론이 발표됐지. 그중 다윈의 진화론은 기존의 기독교적 세계관을 흔들어 놓을 정도였단다. 19세기, 발전을 거듭했던 과학기술과 더불어 사상의 변화에 대해 살펴볼까?

다윈의 진화론 탄생

1800년대 이루어진 탐사 중 가장 유명한 것은 비글호와 함께 떠난 다윈의 탐사란다. 비글호는 1831년부터 1836년까지 남아메리카, 태평양, 인도양, 남아프리카를 항해한 영국의 해군 탐사선이었어. 동물과 식물의 표본을 수집하기 위해 비글호에 올라탄 다윈은 갈라파고스 제도에서 먹이에 따라 새의 부리 모양이 진화해 왔다는 사실을 발견했지. 그리고 이를 통해 얻어낸 진화론을 1859년에 《종의 기원》이라는 이름으로 발표했단다. 모든 생명체는 자연의 선택 과정을 거치면서 조상으로부터 진화해 왔다는 진화론은 발표 이후 사회적으로 커다란 파문을 일으켰어. 진화론에 따르면 오늘날의 모든 생물은 진화를 통해 탄생했다는 말이 되는데, 이 때문에 여기에 인간을 포함시키느냐에 대한 논란이 일었지. 다윈은 직접적으로 언급하지 않았지만 이러한 논란은 신이 인간을 만들었다고 믿는 기독교적 세계관을 가진 이들에겐 받아들이기 힘든 것이었어.

과학기술의 발전

1800년대부터 1900년대에 이르기까지, 진화론, 전기, 의약, 통신 분야 등 과학 전반에 걸쳐 수많은 발전이 이루어졌단다. 과연 어떤 과학기술들이 발명되고 발전했는지 한번 알아볼까?

1803년	트레비딕, 세계 최초로 증기기관차 제작
1807년	증기선 클러몬트 호, 미국의 허드슨 강에서 첫 번째 항해 시작
1829년	스티븐슨, 증기기관차 로켓 호 완성
1831년~1836년	다윈이 비글호를 타고 과학 탐사를 떠남
1837년	새뮤얼 모스, 전신기 발명
1838년	증기선 시리우스 호가 최초로 대서양 횡단에 성공
1867년	노벨, 다이너마이트 발명
1876년	미국의 벨, 전화 발명
1877년	독일, 각 지방의 우체국에 전화기 설치
1879년	에디슨, 백열등 발명
1895년	뢴트겐, X선 발견
1895년	굴리엘모 마르코니가 무선 전신을 발명
1903년	비행기 발명

19세기의 사상

계몽주의의 후예인 19세기 사상가들은 자연과학을 인류가 성취한 가장 위대한 결과물로 보고 과학의 발전이 곧 인류의 진보라고 믿었단다. 과학적 방식으로 학문을 이해하고 인간사회를 경험적 사실을 토대로 연구하고자 했던 실증주의와 다윈의 진화론 등이 이 시기의 대표적인 지식 흐름이었지. 하지만 이와 함께 이성 중심의 사고를 부정하고 본능적 충동과 무의식의 감성을 중시하는 낭만주의 풍조가 나타나기 시작했단다. 산업화와 기독교 윤리의 세속화로 인간과 삶의 가치에 대한 다른 방식의 사고가 생겨났던 거야.

→ 낭만주의의 탄생

낭만주의는 프랑스혁명을 계기로, 19세기 서구 유럽의 새로운 문화로 떠오른 사상이란다. 처음엔 사상이라기보다 누구나 공감할 수 있는 문화적 현상이었지. 낭만주의자들은 인간의 감정을 이성보다 중시하고, 집단보다는 개개인의 취향을 귀하게 여겼어. 18세기 계몽사상가들이 주장했던 이성 중심의 기계론적 사고방식과는 달랐지. 특히 낭만주의가 민족주의와 결합되면서 과거에는 무시되었던 전래동화, 구전 신화, 민속놀이, 고전문화 등이 새롭게 발굴되었단다. 역사와 전통을 계승하는 것이야말로 그 민족의 원래 모습과 정체성을 되찾을 수 있다고 믿었던 거야. 이러한 낭만주의를 중심으로 당시엔 인간의 생각과 감성을 종합적으로 압축하고 표현하는 시인들이 크게 인기를 끌었어. 대표적인 낭만주의 예술가로는 영국의 시인 키츠, 바이런, 독일의 문호 괴테, 음악가 바흐, 쇼팽, 멘델스존, 리스트, 철학자 니체, 정신의학자 지그문트 프로이트 등을 들 수 있지.

4장
유럽의 식민지가 된 동남아시아

세계사 징검다리

동남아시아의 운명을 좌우한 향신료와 설탕

서구 세력의 동남아시아에 대한 관심은 향신료에서 비롯됐습니다. 당시 유럽인들이 즐겨 쓰던 다양한 향료와 양념들은 이미 로마 시대에 동남아시아에서 유럽에 전해진 것들이었습니다.

그런데 15세기 이후 오스만 제국이 등장해 동남아시아-아라비아 반도-홍해-지중해를 연결하는 무역로를 지배하며 무역을 독점하자, 향신료의 값이 폭등했습니다.

향신료 중에서도 인도 남부에서 생산되었던 후추는 음식의 맛을 더해 주는 재료이자 약재로 금값에 버금가는 자본 상품으로 인기가 높았습니다. 포르투갈이 처음 인도의 캘리컷을 거점으로 삼은 이유도 그곳이 인도 후추의 집산지였기 때문이었죠.

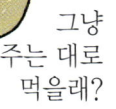

이후 유럽인들은 화장품의 재료로 쓰이던 정향과 육두구 등을 구하기 위해 동남아시아로 본격적인 진출을 꾀했습니다.

로마 시대에 유럽에 전해진 설탕은 감미료이기 이전에 진귀한 향신료나 약재로 사용되었습니다. 19세기 이전까지 사탕수수에서 설탕을 만들어내기 위해선 기후의 변동이 크지 않은 열대나 아열대성 기후와 노동력, 많은 양의 물이 필요했습니다. 유럽 국가들이 신대륙 노예를 기반으로 서둘러 사탕수수농장을 건설한 이유도 바로 이 때문이었죠. 이후 신대륙에서 노예제도가 금지되자 유럽 국가들은 동남아시아의 식민지에서 사탕수수를 재배하기 시작했습니다. 차가 중국의 역사를 바꾸어 놓았듯 향신료와 설탕이 동남아시아의 운명과 역사에 많은 영향을 주었답니다.

정향 육두구

동남아시아의 나라 이름은 어떻게 지어졌을까요?
동남아시아 국가의 이름은 대부분 식민지 시대에 유럽인들이 붙인 것입니다.

필리핀은 16세기 에스파냐 왕 펠리페 2세의 이름에서 따온 것입니다.

인도네시아는 1805년, 영국인 로간이 인도와 군도(한 무리를 이루고 있는 여러 섬)를 합성해 만든 것입니다.

타이는 '시암'이라 불렀는데, 시암은 '미개의 야만인 나라'라는 의미를 가지고 있습니다.

인도차이나는 '인도와 중국 사이에 있는 지역'이라는 뜻의 프랑스어를 합성한 것입니다.

세계사 인터뷰

라마 4세의 뒤를 이어 타이 독립을 위해 애쓰고 있는 라마 5세를 만나 인터뷰했습니다.

 라마 5세 님, 먼저 귀한 시간을 내주셔서 감사합니다. 많은 왕족들을 외국으로 유학 보내셨는데요, 특별한 이유라도 있으신지요?

 왕족들을 유럽, 미국 등으로 유학 보낸 이유는 서구의 문물을 배우고 와 우리 타이의 근대화에 보탬을 주기 위해서지요!

 가장 기억에 남는 정책은 어떤 것들이 있나요?

 여러 가지가 있지만 특히 1905년 노예제를 폐지하고 외국인들의 치외법권을 철폐해 국가의 권리를 회복하는 데 힘쓴 점이라고 생각합니다!

 역사에 어떤 왕으로 기록되고 싶으신지요?

 나는 타이의 근대사에 기적을 이룩한 계몽 군주가 되고 싶습니다.

세계사 징검다리 — 베트남과 필리핀의 독립운동

북아메리카, 아프리카, 아시아 등지로 이어진 프랑스의 해외 진출은 주로 영국과의 경쟁 속에서 이루어졌습니다.
프랑스는 1604년 동남아시아에 동인도 회사를 세웠습니다. 루이 14세 시대만 해도 콜베르의 적극적인 상업중시정책으로 18세기 초까지 영국보다 먼저 인도를 선점했었답니다.

> 나, 콜베르 덕에 영국보다 먼저 인도를 선점했지!

그러나 플라시전투에서 영국에 패한 후, 프랑스는 인도에서 베트남으로 눈을 돌려야 했습니다. 그 후 베트남을 중심으로 캄보디아, 라오스를 합쳐 프랑스령 인도차이나 연방을 수립했죠.

> 자, 어서 서명하시오.
> 으~, 베트남이 프랑스의 보호국이 되다니…

> 우리 베트남도 근대화 운동으로 독립을 이룰 때가 왔습니다!

> 맞소, 중국도 변법자강 운동과 양무 운동을 하고 있잖소!

> 중국에서 신해혁명이 일어나 나라가 개혁되었다. 우리 베트남도 광동에서 '베트남 광복회'를 조직해 독립운동과 함께 새로운 근대 문물을 적극 수용하리라!

제1차 세계대전 이후 '베트남 근대화'와 '조국 독립'이라는 구호를 들고 뛰어든 청년이 있었습니다. 바로 호치민이었지요.
그는 1925년 베트남 혁명청년동지회를 결성하고 후일 베트남 독립을 위한 정치 조직인 베트남 국민당을 조직했습니다. 그러나 프랑스의 공격으로 베트남 국민당이 무너지자, 1930년에 호치민은 다시 베트남 공산당을 조직했습니다.
이 조직은 프랑스에 대항해 대대적인 투쟁을 벌였으며, 후일 베트남 독립을 이루는 데 큰 역할을 했답니다.

나, → 판보이 차우

호치민

102

값비싼 향신료를 구하기 위해 동남아 지역에 관심을 갖기 시작한 서구 열강은 19세기 후반에 들어서면서 영토 확장에 열을 올렸단다. 심지어는 서구 열강끼리 싸우면서 말이야. 그 와중에 동남아시아 타이만은 앞선 근대화의 노력으로 독립을 유지할 수 있었지. 이번에는 서구 열강들의 식민 지배로부터 벗어나려 했던 동남아시아의 독립 의지와 노력을 다시 한 번 살펴보자꾸나.

영국 식민지가 된 미얀마

인도를 식민지화하는 과정에서 미얀마의 중요성을 인식한 영국은 3차에 걸친 미얀마전쟁을 치른 후 미얀마를 인도의 속주로 편입했단다. 미얀마도 결국 영국의 식민지가 된 거지. 영국과 미얀마의 전쟁은 미얀마로 하여금 벵골 만 지역에 대한 영국의 주도권을 인정하게 만들기 위함이었단다. 1824년부터 1826년까지 이어진 제1차 전쟁의 승리는 영국에게 돌아갔어. 영국이 승리할 수 있었던 건 식민지였던 인도의 우수한 군수 물자가 계속된 전쟁을 뒷받침했기에 가능한 일이었단다. 이어진 제2차(1852년), 제3차(1885년) 전쟁도 이미 미얀마의 많은 영토를 차지하고 있던 영국에게 유리한 싸움이었지. 결국 1886년 1월, 미얀마의 콘바우 왕조가 무너지면서 미얀마는 완전한 영국의 식민지

가 됐단다. 하지만 영국 지배에 대항하는 미얀마의 저항 운동은 이후 4년 동안이나 계속됐어. 주로 지식인들과 불교 단체를 중심으로 이루어졌지.

네덜란드의 식민지가 된 인도네시아

에스파냐에서 독립한 네덜란드는 1602년, 동인도 회사를 설립하며 적극적인 해외 진출을 시도했어. 주로 인도네시아 방면으로 활발한 식민 활동을 펼친 네덜란드는 17세기 전반에 이미 자카르타

를 거점으로 향료 무역을 시작했지. 네덜란드는 에스파냐와 포르투갈과는 달리 기독교의 포교보다는 주로 상업 활동에 전념했어. 인도네시아 이외에도 일본, 중국과도 활발한 무역 활동을 하면서 말이야. 18세기에 이르러 네덜란드는 인도네시아의 이슬람 왕조를 멸망시키고 자바 섬을 소유했단다. 결국 인도네시아는 네덜란드의 식민지가 된 거야. 그곳에서 네덜란드는 커피, 사탕수수 등의 플랜테이션을 통해 큰 이윤을 남겼단다.

인도네시아의 독립 의지

네덜란드의 식민 지배를 받던 인도네시아의 지식인과 상인들은 이슬람동맹을 결성하여 외국 자본의 유입과 기독교의 선교 활동을 반대했단다. 인도네시아의 민족운동은 자바의 카르티니라는 여성에 의해 크게 발전했는데, 그녀는 1908년 '아름다운 노력(부디우토무)'이라는 책자를 하급관리협회에 배포하여 전 국민의 민족의식을 고취시켰어. 부디우토무 교육을 통해 민중을 계몽하는 동시에 인도네시아의 자연을 찬미하는 방식으로 민족의식을 일깨웠던 거야. 무엇보다 인도네시아 민족운동은 이슬람교라는 강력한 종교적 결속력을 바탕으로 발전했단다. 전체 인도네시아인의 90%가 믿고 있는 이슬람교야말로 네덜란드인이나 화교들과는 다른 자신들만의 분명한 문화적 요소였거든. 한편 도시 상인들은 화교 상공업자의 진출에 맞서 이슬람동맹을 결성하여 귀족의 특권과 유럽인이 경영하는 대기업을 비난했어. 이후 급속도로 팽창한 이슬람동맹은 1919년에는 약 250만의 회원을 거느리는 민족운동의 구심체 역할을 했단다.

> **● 영화 〈왕과 나〉**
>
> 동남아시아에서 유일하게 서구 열강의 식민 지배에서 벗어날 수 있었던 국가가 타이였다는 건 잘 알고 있지? 19세기 타이의 근대화 운동은 1956년 제작된 영화, 〈왕과 나〉를 통해 살펴볼 수 있단다. 〈왕과 나〉는 마거릿 랜든의 소설을 원작으로, 시암(타이)을 배경으로 라마 4세와 영국인 가정교사의 사랑을 그린 영화야. 화려한 배경과 흥미로운 이야기로 아카데미 시상식에서 5개 부문의 상을 수상하기도 했지만, 미개한 아시아 왕이 평범한 영국인에게 개화된다는 유럽 중심적인 시각과 타이 왕실을 흥밋거리 위주로 다뤘다는 이유로 비판을 받기도 했단다.

5장 일본의 개항과 유럽의 아프리카 분할

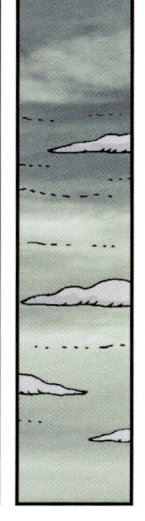

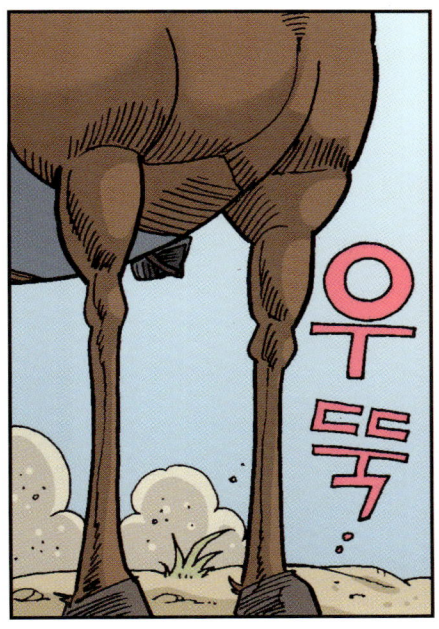

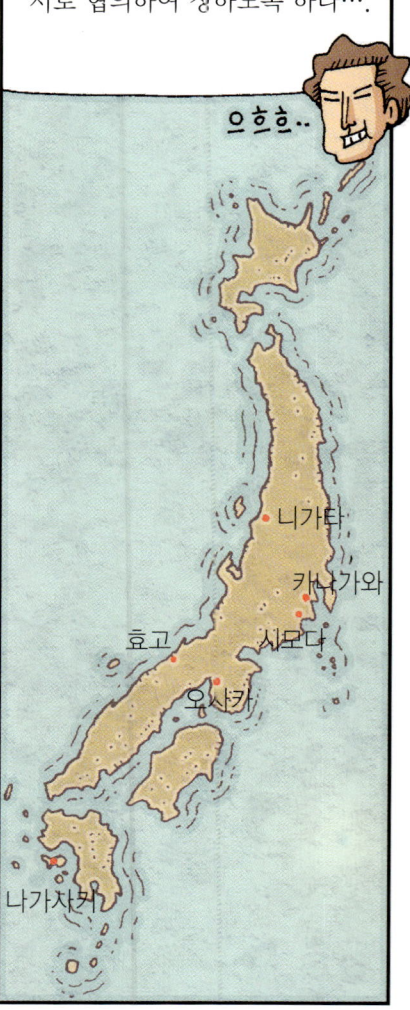

세계사 징검다리

검은 배를 타고 온 하얀 미국, 일본의 강제 개항을 이끌다!

1853년 우라가 항에 나타난 페리 함대를 일본인들은 '검은 배(구로후네)'라고 불렀습니다. 그 배는 일본인들에게 큰 충격을 주었는데, 그 이유는 무엇일까요?

당시 일본 배는 기껏해야 100~200톤 정도였는데 그 배는 2450톤이나 되는 큰 배였지요. 페리 함대의 기함이었던 이 배는 증기선으로, 목재가 썩지 않게 콜타르 칠을 해 검게 보였습니다. 이 때문에 일본 사람들은 이 배를 '흑선'이라고 불렀지요.

나, 페리와 함께한 이들은 반드시 일본을 개항시키라는 밀러드 필모어 대통령의 명령을 받은 통상사절단이야. 전통적으로 쇄국정책을 펴고 있는 일본은 개항을 요구하는 미국의 국서를 받지 않으려 했지만, 일본 정부가 받지 않을 경우 무력을 사용해서라도 그것을 전달하라는 것이 우리 정부의 입장이었거든.

일본 목판화의 페리 제독(1854)

미국이 일본 개항에 공들인 이유

미국은 왜 굳이 일본을 개항시켜야 했을까요?
미국은 영국 식민지 시대부터 조선업, 무역업, 어업이 발달했습니다. 19세기 초에는 산업의 발전과 함께 고래 기름의 수요가 높아지면서 미국의 고래잡이 어업이 아주 빠르게 발전했죠. 700척이 넘는 고래잡이 배가 온 세계의 바다를 누비고 돌아다녔을 정도였답니다. 18세기 말에는 중국 광둥성에서 차와 비단을 사는 외국 배들 중 1/3이 미국 배였을 정도로 무역이 활발했습니다. 미국 입장에서 청나라는 앞으로 미국의 상품을 가장 많이 팔 수 있는 시장이었습니다. 이를 위해 미국은 19세기 대서양에서 태평양까지 유럽과 동아시아를 연결하는 세계일주항로를 완성했습니다. 그런데 태평양 항로를 안전하게 이용하고 태평양에서 고래잡이를 하려면 중간에 연료와 물, 물자를 채울 수 있는 항구가 필요했습니다. 바로 일본의 항구와 같은 곳이 필요했던 거죠. 이 때문에 미국은 일본 개항에 필사적이었던 것입니다.

19세기 미국의 고래잡이 배가 귀신고래를 잡는 모습

조선에 들어와 격침당했던 미국의 상선, 제너럴 셔먼 호

제너럴 셔먼 호 사건이란 1866년(고종 3년) 음력 7월 12일에 대동강을 거슬러 올라가 평양에서 통상을 요구하며 행패를 부리던 미국 상선 제너럴 셔먼 호를 평양 군민들이 불태워 버린 사건입니다.
이것은 신미양요의 원인이 되었죠.
사건의 발발은 이랬습니다.
음력 7월 12일, 조선 측의 강경한 경고에도 불구하고 셔먼 호는 만경대 한사정까지 올라와 그들의 행동을 제지하던 중군 이현익을 붙잡아 감금했습니다.
이에 평양성 내의 관민은 크게 격분하여 강변으로 몰려들었고, 셔먼 호는 이들 관민에게 소총과 대포를 마구 쏘아 사태는 더욱 악화되었습니다.
이에 평안도 관찰사 박규수는 21일부터 포격을 가한 뒤 대동강 물에 콩기름을 풀고 불을 붙여 셔먼 호를 불태워 격침시켰습니다.

> 평안도 관찰사 박규수를 대신하여 왔소. 이 셔먼 호가 평양 경내에 머무는 이유가 무엇이오?

> 우리 조선은 서양과의 통상 교섭이 현재는 국법으로 금지되어 있소. 즉시 출국할 것을 요구하는 바이오.

> 우리는 상거래를 하기 위해 왔을 뿐이고, 별다른 뜻은 없소. 어험험….

> 불에 타고 있는 제너럴 셔먼 호

> 아이러니하지? 일본, 그리고 흑선과 조선 시대의 한국?

> 일본의 개항을 위협했던 그 흑선이 조선을 쉽게 보고 강화도에 왔다가 격침을 당하고 말았지.

> 우리 조선을 뭘로 보고!

> 일본은 그냥 항복했는데….

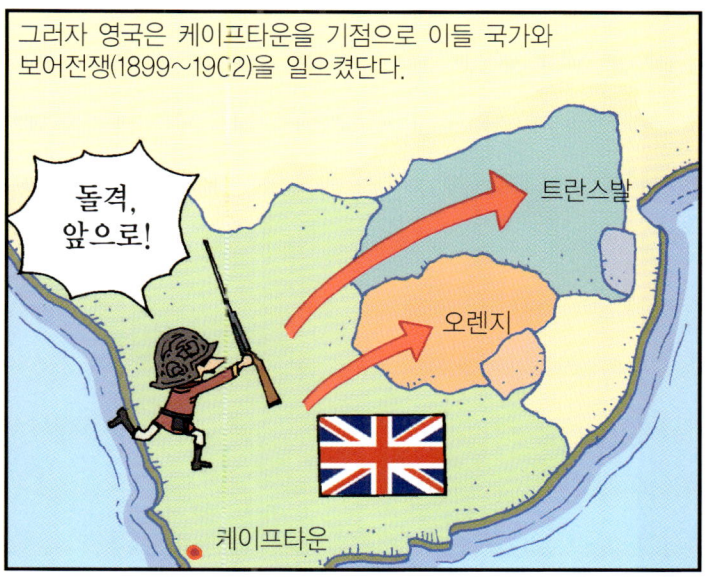

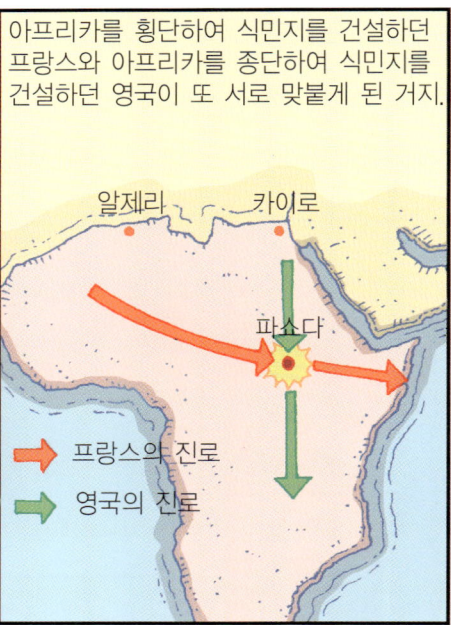

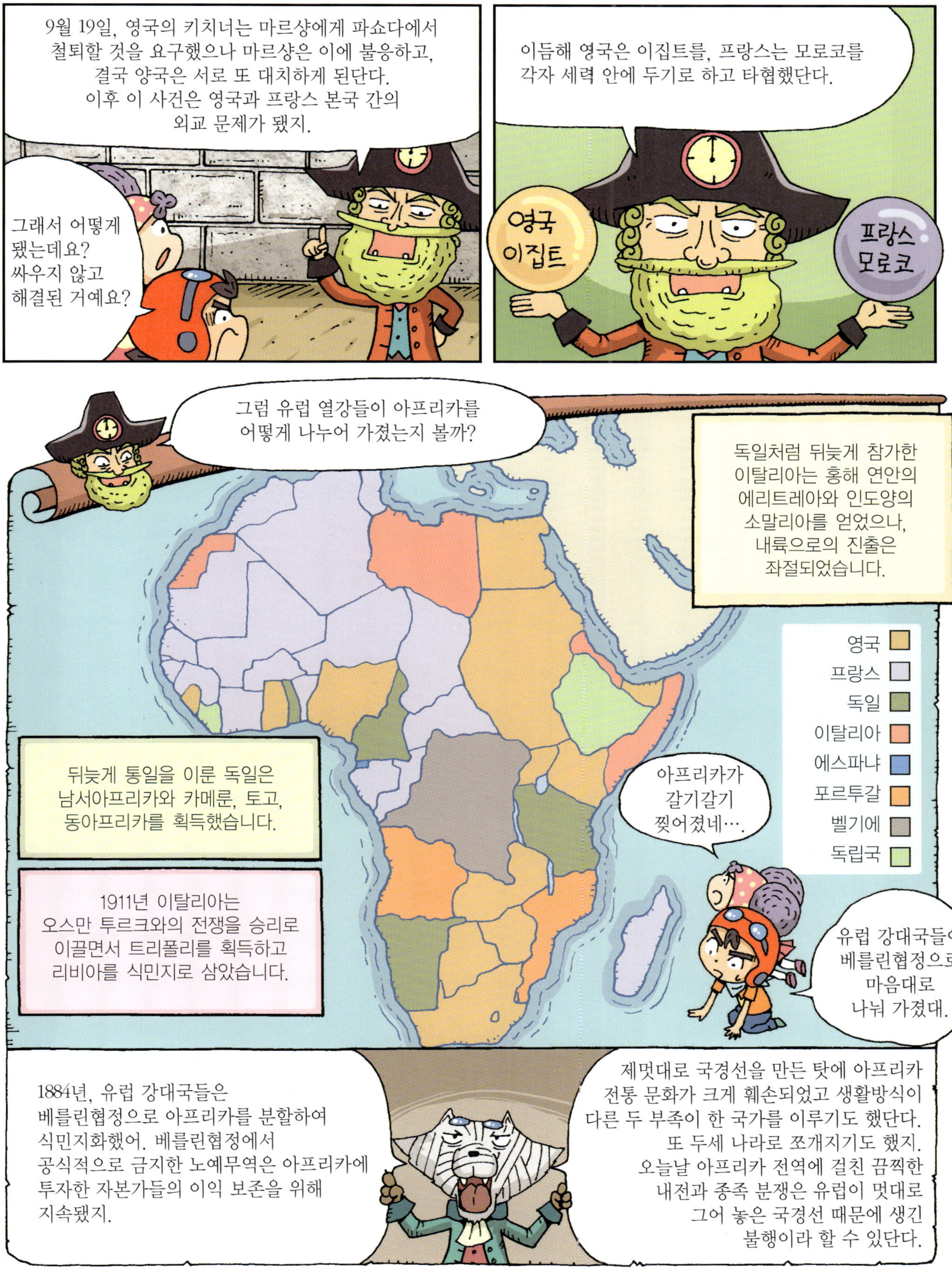

9월 19일, 영국의 키치너는 마르샹에게 파쇼다에서 철퇴할 것을 요구했으나 마르샹은 이에 불응하고, 결국 양국은 서로 또 대치하게 된단다. 이후 이 사건은 영국과 프랑스 본국 간의 외교 문제가 됐지.

그래서 어떻게 됐는데요? 싸우지 않고 해결된 거예요?

이듬해 영국은 이집트를, 프랑스는 모로코를 각자 세력 안에 두기로 하고 타협했단다.

영국 이집트

프랑스 모로코

그럼 유럽 열강들이 아프리카를 어떻게 나누어 가졌는지 볼까?

독일처럼 뒤늦게 참가한 이탈리아는 홍해 연안의 에리트레아와 인도양의 소말리아를 얻었으나, 내륙으로의 진출은 좌절되었습니다.

영국
프랑스
독일
이탈리아
에스파냐
포르투갈
벨기에
독립국

뒤늦게 통일을 이룬 독일은 남서아프리카와 카메룬, 토고, 동아프리카를 획득했습니다.

1911년 이탈리아는 오스만 투르크와의 전쟁을 승리로 이끌면서 트리폴리를 획득하고 리비아를 식민지로 삼았습니다.

아프리카가 갈기갈기 찢어졌네….

유럽 강대국들이 베를린협정으로 마음대로 나눠 가졌대.

1884년, 유럽 강대국들은 베를린협정으로 아프리카를 분할하여 식민지화했어. 베를린협정에서 공식적으로 금지한 노예무역은 아프리카에 투자한 자본가들의 이익 보존을 위해 지속됐지.

제멋대로 국경선을 만든 탓에 아프리카 전통 문화가 크게 훼손되었고 생활방식이 다른 두 부족이 한 국가를 이루기도 했단다. 또 두세 나라로 쪼개지기도 했지. 오늘날 아프리카 전역에 걸친 끔찍한 내전과 종족 분쟁은 유럽이 멋대로 그어 놓은 국경선 때문에 생긴 불행이라 할 수 있단다.

세계사 인터뷰

남아프리카의 유력한 정치가 세실 로즈

안녕하세요, 세실 로즈. 남아프리카의 유력한 정치가인 당신을 인터뷰하게 되어 반갑습니다.

나도 반갑소. 먼 아프리카까지 오느라 고생하셨군요.

먼저 당신은 신앙인의 아들로 태어났다고 들었는데요.

그렇소, 나는 목사의 아들로 태어나 1870년 남아프리카로 이주했지요.

이곳에서 어떻게 막대한 부를 이루셨는지요?

나는 다이아몬드 금광을 경영하며 자산가로 성장했고, 1889년에 광산채굴권을 포함한 브리티시 사우스아프리카회사 설립을 인가받았소. 1890년대에는 다이아몬드광·금광은 물론 철도·전신 사업 등을 경영하며 남아프리카의 경제계를 지배했죠. 그 과정에서 이렇게 거대한 재산을 모았소, 하하하.

정치에도 뜻이 있어 진출하셨지요? 지금 케이프 주의 총독이 되셨다고 들었습니다만.

그렇소. 나는 1890년에 케이프 주 식민지 총독이 되었소. 트란스발에서는 일부러 소요를 일으켜 나의 조국인 영국에 편입시켰다오.

전형적인 제국주의자로 소문이 나 있습니다만…, 사실인가요?

전형적인 제국주의자? 후훗. 반은 맞는 말이지만 반은 틀렸군요. 난 제국주의자 그 자체요.

영국 자선사업가 세실 로즈의 유언에 의해 설립된 로즈 장학재단에서는 매년 세계 각국의 대학생 85여명을 선발해 로즈 장학금을 줍니다. 영국 옥스퍼드대학교에서 무료로 공부할 기회를 주는 제도이지요. 로즈 장학금은 세계에서 가장 영예로운 장학금 중 하나로 인정받고 있으며, 선발된 학생들은 평생 '로즈 장학생'이었다는 말이 따라다닐 정도로 사회적으로 인지도가 높습니다.

미국 흑선에 의해 아시아의 일본이 개항되는 동안 아프리카 대륙은 서구 열강들에 의해 나누어졌어. 오늘날 아프리카 국경이 반듯한 건 서구 열강들이 지도 위에 자로 그어 영토를 서로 나누었기 때문이란다. 아프리카 대륙의 의지하고는 상관없이 말야. 하지만 영토를 차지하려는 유럽 국가들에 맞선 아프리카 대륙의 독립 의지 또한 상당했지. 아프리카 대륙을 놓고 벌어진 전쟁과 아프리카 대륙에서 일어난 독립운동은 과연 어떠했을까?

아프리카를 나누어 갖은 유럽

1884년, 독일의 베를린에서 유럽 국가들은 아프리카를 어떻게 나눌 것인지를 결정하기 위한 회의를 열었단다. 이게 바로 베를린협정이야. 하지만 그 회의에 참석한 아프리카 대표는 단 한 명도 없었단다. 1880년대 후반에는 벨기에, 영국, 프랑스, 독일, 이탈리아, 포르투갈, 스페인 등 유럽의 여러 나라들이 독립 국가를 제외한 아프리카 국가들의 소유권을 주장하기에 이른단다. 1914년까지 아프리카에 독립국이라고는 라이베리아와 에티오피아, 단 두 나라뿐이었어.

영국의 아프리카 탐험과 전쟁

영국의 아프리카 탐험은 1788년, 런던에서 아프리카에서의 무역과 탐험을 장려하는 영국인들의 모임이 결성되면서 본격적으로 시작되었단다. 1800년대 산업혁명이 진전되면서 값싼 원자재의 공급처로, 또 완제품의 판매 시장으로 아프리카에 대한 관심이 높아졌기 때문이었지. 먼고 파크, 리빙스턴 등이 강을 따라 아프리카를 탐험한 영국의 대표적인 탐험가들이란다.

→ 보어전쟁

남아프리카공화국의 네덜란드계 백인인 보어인은 1830년대에 영국 통치를 피해 대이동을 시도했어. 그리고 두 개의 보어 국가, 오렌지 자유국과 트란스발 공화국을 세웠단다. 이에 영국은 남부 아프리카에서 세력을 잡기 위해 보어인과 전쟁을 일으켰지. 첫 번째 보어전쟁(1880~1881)은 영국의 패배로 끝났어. 그리고 1886년, 트란스발의 위트워터스랜드에서 금광맥이 발견되자 영국은 보어인이 부강한 나라가 되는 것을 우려해 1889년에 두 번째 전쟁을 일으켰단다. 그 후 1902년, 마침내 보어인의 항복으로 보어전쟁은 막을 내렸지.

아프리카인들의 저항 운동

유럽의 아프리카 분할과 원주민 문화말살정책에 대한 당시 아프리카인들의 저항도 만만치 않았어. 제1차 세계대전이 끝난 후인 1920년대부터는 더욱 조직적인 아프리카인들의 저항과 반란이 이어졌지. 아프리카 민족주의가 싹트기 시작한 것도 이 무렵이었단다.

- **수단** 수단의 저항 운동은 1881년 자국을 공격한 영국에 맞서면서 시작됐단다. 무함마드 아흐마드라는 지도자가 스스로 이슬람의 구세주 '마흐디'라 주장하며 용감하게 나섰지. 하지만 창과 칼로 무장한 1만여 명의 마흐디 군은 근대식 총과 대포를 앞세운 영국군에 크게 패하여 전원 학살당하고 만단다. 이 사건 이후 수단은 영국의 식민 지배를 받게 되지.

- **나미비아** 나미비아 지역을 지배하던 독일군의 원주민들에 대한 기혹한 박해와 자원 약탈은 이들을 분노케 했단다. 이에 헤레로족은 1914년 독일에 대항해 반란을 일으켰지. 하지만 헤레로족의 반란은 실패했고, 독일군은 항복한 그들을 무차별 학살했어. 헤레로족 인구의 80%에 해당하는 65,000명을 그 자리에서 살해한 것도 모자라 살아남은 헤레로족마저 강제수용소로 끌고 가 노예로 부리면서 생체실험의 도구로 사용했단다. 정말 끔찍한 일을 벌인 거지.

- **탄자니아** 동부 아프리카의 탄자니아에서는 주술사 킨지키킬레를 중심으로 유럽 침략자들에 대항하는 봉기가 있었단다. 1905년에 시작된 탄자니아인의 저항은 2년간 10만 명의 아프리카인들이 희생될 때까지 계속되었어. 칼과 창을 들고 기관총에 맞서는 무모한 싸움이었지만 그들은 아프리카의 영혼과 문화, 생활방식을 포기하지 않았다고 해. 결국 킨지키틸레의 봉기는 실패했지만, 그는 살아 있는 영웅으로 탄자니아인들의 가슴 속에 살아 있단다.

6장
태평천국의 난에서 의화단까지, 중국의 근대화 노력

저 불타고 있는 배들이 정녕 우리 청군의 배란 말인가?

그…그러하옵니다.

서양의 과학기술을 받아들여 신식 군대와 무기를 도입했는데도 일본에 지다니….

우…우리 청나라가 일본에 지다니….

태평천국의 난 이후 서양의 우수한 군대와 무기를 보고서 충격을 받아 양무 운동으로 군사력을 그렇게 키웠건만….

"한족도 아니면서 왜요?"

"한족이든 만주족이든 다 필요 없고, 난 외세를 막지 못하는 무능한 청의 만주족에게 불만이 있을 뿐이거든."

"게다가 솔직히 태평천국 교도들이 말하는 천조전무제도는 꽤 괜찮아 보이기도 했어."

천조 전무 제도

모집공고 — 태평천국 운동에 함께해요!

"우리 태평천국 교도들은 청나라를 멸하고 새로운 나라를 세우려고 합니다. 나라 이름은 태평천국, 이름처럼 천국 같은 나라를 만들 수 있을 것 같지 않나요?"

"모두가 평등하게 사는 세상을 꿈꾸는 당신, 당신이야말로 태평천국의 교민이 되어야 할 사람."

"우리는 이런 일을 하려고 합니다!"

천조전무 제도

- 토지를 분배할 때는 남녀차별 없이 각 집의 가족 수가 많고 적음에 따라 토지를 나눈다.
- 밭이 있으면 같이 경작하고, 먹을 것은 함께 먹고, 의복이 있으면 같이 입고, 돈이 있으면 같이 쓴다.
- 만주족의 상징인 변발 금지.

전족, 축첩 금지.

노비제도 금지.

남녀평등 및 신분제의 부정.

가입 참가비 : 청나라에 대한 반감만 가져오면 됩니다.

세계사 인터뷰

청나라 말기의 최고 실권자, 서태후

서태후는 청나라 말기의 권력자이자 함풍제의 세 번째 황후이며, 동치제의 생모였습니다. 그를 만나 그의 통치철학과 평소 생각들을 들어 보기로 했습니다.

서태후께서는 현재 청나라 말기의 최고 실권자이신데요.

말기라는 말, 쓰지 말게. 아주 기분 나쁘거든?

아, 네. 죄송합니다. 궁궐에는 어떻게 들어오게 되셨는지요?

난 혜징이라는 관리의 딸로서, 17세에 문종의 왕비가 되었지.

40여년 동안 청나라의 실권을 쥐고 계신데요, 황제들이 있는데 너무 오래 쥐고 계신 건 아닌지.

자네도 권력의 달콤한 맛을 보게 되면 절대 놓지 못할걸? 아들 목종과 조카 덕종을 내세워 약 40년 동안 실권을 쥐고 있었지.

서태후께서 권력을 잡고 계신 동안 양무 운동과 변법자강 운동이 일어났는데, 하나는 반대하고 하나는 도와준 이유는 뭔가요?

먼저 양무 운동부터 말하지. 양무 운동은 상대적으로 청나라를 돕겠다는 성격이 더 강했지만 캉유웨이의 변법자강 운동은 과거제도 개혁, 탐관오리 혁파 등 각종 경제 개혁을 담고 있었어. 무술변법을 통해 이중 일부를 실행에 옮기기도 했고 말야. 그러나 그의 변법은 광서제의 권위에만 의존한 것이었어. 그래서 결국 캉유웨이는 나, 서태후와 반개혁파에게 쫓겨 외국으로 망명하고 말았지. 나는 청나라가 해오던 대로 하는 것을 원했지, 크게 바뀌는 것은 원하지 않았다네.

지금은 외세를 몰아내겠다는 의화단의 난을 후원하고 계신 걸로 알고 있습니다. 그걸 빌미로 서양 세력들이 더 큰 전쟁을 벌이고 중국 땅에 발을 들여놓는 구실을 만드는 건 아닐런지요?

흥, 해볼 테면 하라고 그래. 난 하나도 안 무서우니까.

서태후는 1908년 11월 15일 생을 마감했습니다. 다시는 자신처럼 여인이 정사에 관여하는 일이 없도록 하라는 유언를 남겼다고 합니다. 그러나 때는 이미 늦어 1912년 2월 12일에 청나라는 신해혁명에 의해 역사 속으로 사라졌습니다.

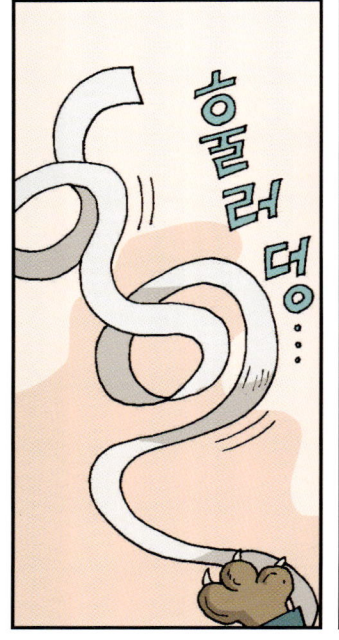

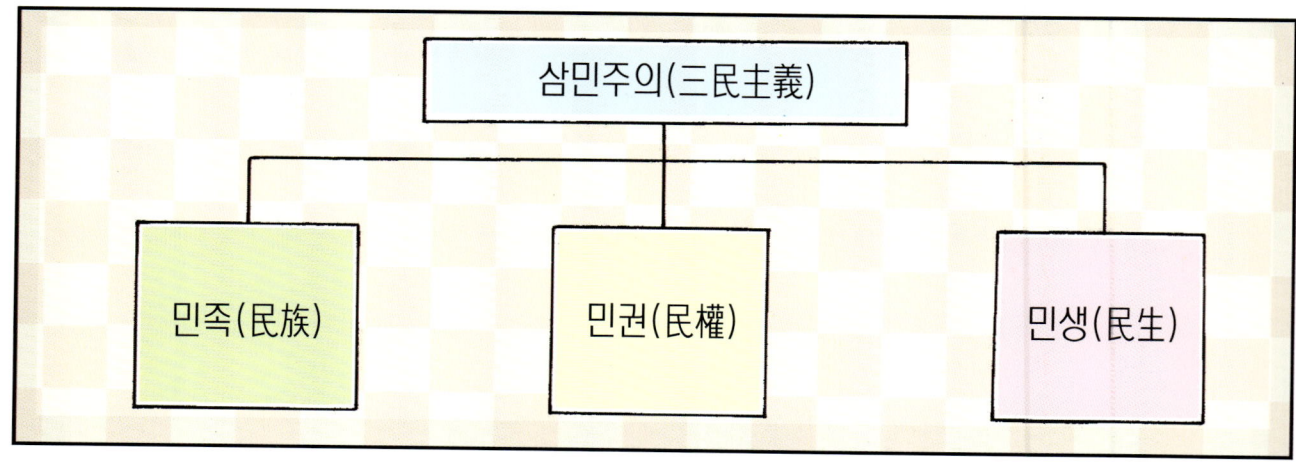

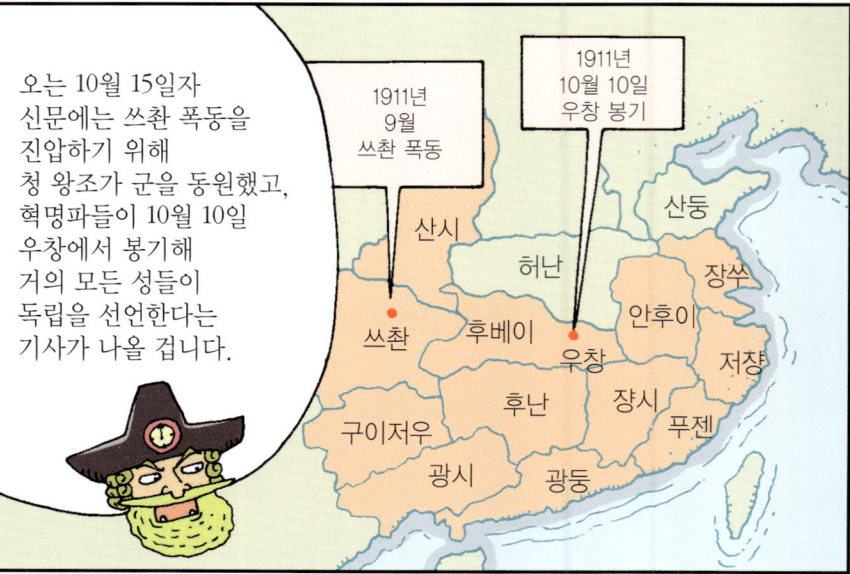

세계사 징검다리

쑨원은 어떻게 중국, 그리고 아시아 최초의 민주 공화정의 수장이 되었나?

미국에서 귀국한 쑨원은 독립을 선언한 각 성의 대표들의 추대로 임시 대총통으로 임명되면서 1921년 1월 1일 난징에 중화민국 임시정부를 수립했습니다.

한편 청 왕조는 혁명군을 진압하기 위해 위안스카이에게 혁명 진압의 모든 권한을 주었죠.

이때 혁명파는 내부적인 약점이 드러나면서 내분이 생겼고, 힘과 자금 면에서 우세했던 위안스카이와 타협할 수밖에 없는 상황이 되었습니다.

결국 위안스카이는 쑨원에게 대총통 자리를 넘겨받게 됩니다.

"쑨원…, 표정이 왜 그런가?"

"으, 분하다."

"하하하, 나는 북방 군벌과 유럽 국가의 후원을 받고 있었으니까!"

비록 타협으로 총통 자리를 넘겨주긴 했지만, 쑨원은 위안스카이 일파의 공화정에 맞서 비밀결사인 중국혁명동맹회를 공개 정당으로 개편, '국민당'을 결성했습니다.

한편 총통이 된 위안스카이는 청 왕조를 멸망시킨 다음, 혁명파를 탄압해 황제가 되려다가 병사하고 말았습니다.

그리하여 드디어 중국에 아시아 최초의 민주 공화정이 탄생하게 되었습니다.

쑨원은 1968년에 대한민국으로부터 독립운동과 임시정부 창립을 지원한 공으로 건국 훈장 중장인 대한민국장에 ※추서되기도 했습니다.

※추서 : 죽은 뒤에 관등을 올리거나 훈장 따위를 줌.

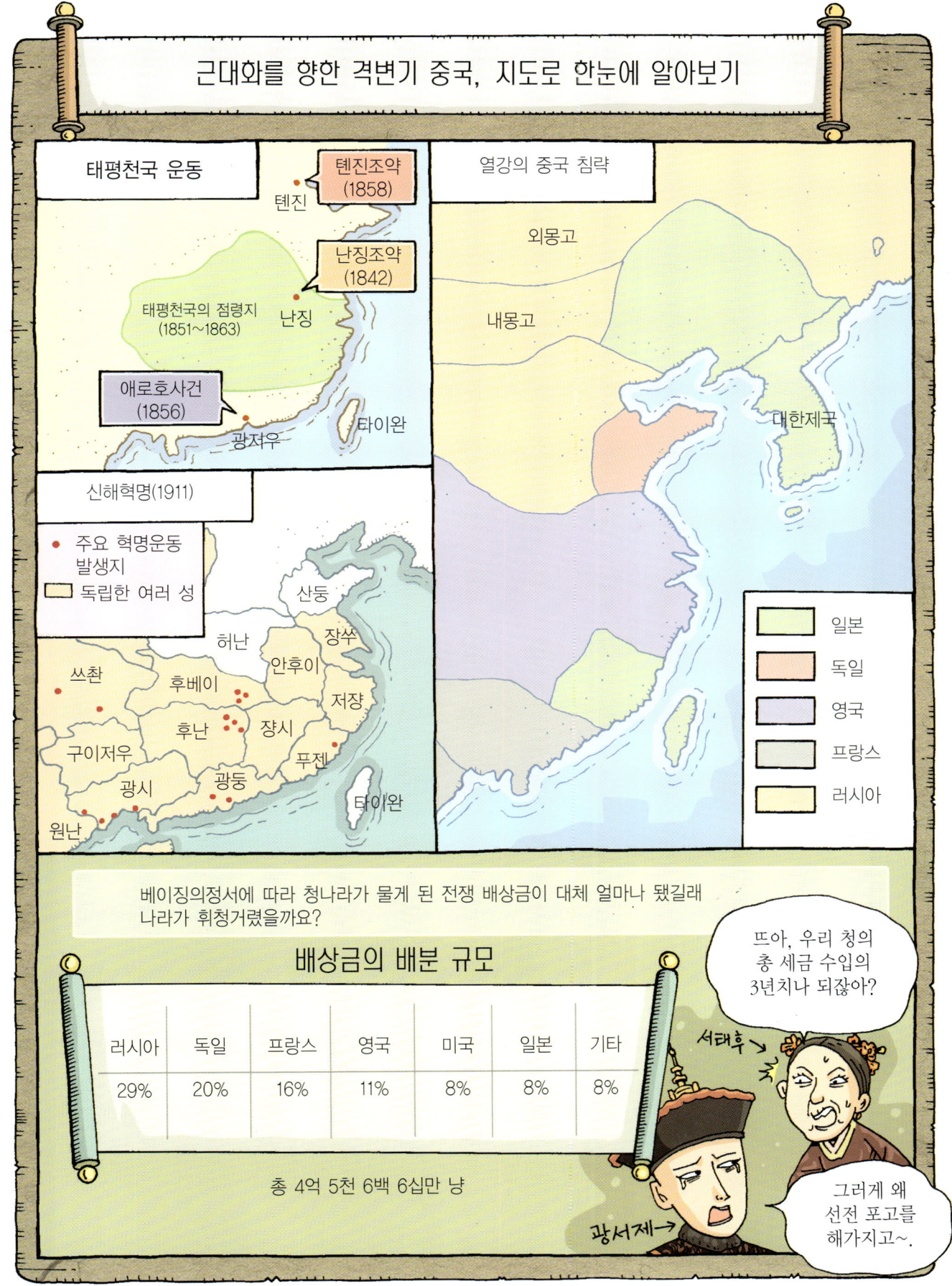

18세기 후반 중국은 아편전쟁 이후 영국에 지불해야 하는 막대한 배상금 때문에 백성들의 고통이 더해지면서 농민 저항이 심해졌어. 이후 중국은 서구의 문물을 받아들이려는 근대화 운동과 이를 반대하는 세력 간의 다툼이 이어졌단다. 양무 운동과 변법자강 운동, 의화단 운동, 다시 근대화 개혁운동인 신해혁명까지, 근대화를 향한 움직임이 컸던 시기였지. 이번에는 중국 근대화를 촉발시켰던 아편전쟁과 청왕조를 무너뜨린 신해혁명에 대해 좀 더 자세하게 알아볼까?

아편전쟁이란?

18세기 말부터 영국은 모직물과 인도산 면직물을 청나라로 수출하고 대신 비단, 차, 도자기 등을 수입했어. 이때 중국 무역 독점권을 가지고 있던 영국 동인도 회사는 수입에 비해 수출이 원활치 않아 심한 무역 적자를 겪었단다. 이를 만회하기 위해 영국 동인도 회사는 불법적으로 인도산 아편을 중국에 팔아넘기기 시작했어. 영국 정부는 이를 눈감아 줬고 말야. 아편 인구가 늘어나자 청나라는 아편 수입 금지령을 내렸으나 쉽지 않았지. 이에 영국은 함대와 군대를 이끌고 가 청나라와 전쟁을 벌였단다. 이것이 1840년 아편 문제를 둘러싸고 영국과 청나라 사이에 일어난 아편전쟁이란다. 영국의 승리로 끝난 아편전쟁으로 인해 영국과 청나라는 난징조약을 체결했어. 그 안에는 홍콩을 영국에게 넘기고 5개의 항구를 영국에게 개항하며 전쟁 배상금과 몰수당한 아편의 보상금을 지불한다는 등의 조항이 들어 있었단다.

중국 품으로 돌아온 홍콩과 마카오

20세기 말 중국이 홍콩과 마카오를 되찾게 된 것은 역사적으로 큰 의미가 있단다. 유럽의 산업혁명 후 줄곧 밀리기만 했던 아시아와 중국이 오랜 유럽의 식민지 통치와 간섭을 떨쳐 버리고 아시아 중심의 새로운 힘으로 성장했음을 말하는 것이었거든.

→ **홍콩**

오늘날 홍콩은 홍콩 섬, 주룽반도, 신계지구로 구성되어 있어. 홍콩 섬은 제1차 아편전쟁 이후, 주룽반도는 제2차 아편전쟁 이후 영국으로 넘어갔고, 신계지구는 청일전쟁 이후 영국이 99년간 빌리기로 했었지. 이는 99년간 홍콩이 영국의 식민지였다는 얘기야. 이후 국력을 강화한 중국이 영국에 정식으로 반환을 요구하지. 그리고 홍콩 반환에 대해 합의를 이루어낸단다. 결국 영국은 1997년 7월 1일, 신계지구를 반납하면서 홍콩 섬과 주룽반도도 함께 반납했어. 그렇게 1997년, 동방의 진주 홍콩은 드디어 중국 품으로 돌아왔단다.

→ **마카오**

거의 450년 동안 포르투갈의 식민 지배를 받았던 마카오는 1999년 12월이 돼서야 중국에 반환되었어. 포르투갈은 중국 관리에게 부당한 방법으로 거주권을 얻어 마카오에 정착한 뒤, 자연스럽게 마카오를 차지했었지.

신해혁명의 의의

신해혁명은 전쟁 배상금에 시달리던 청 왕조가 1911년 5월 발표한 철도 국유화에 반대하는 대규모 무장 투쟁에서 비롯됐단다. 그 후 1912년 1월, 각 성의 대표들이 모여 쑨원을 임시 대총통으로 임명하고 중화민국을 선포하지. 하지만 세력이 약했던 쑨원은 청나라 조정의 지지를 받은 실권자 위안스카이에게 대총통 자리를 넘겨줘야 했어. 한편 대총통이 된 위안스카이는 혁명파를 탄압하고 1916년에 황제가 되려 했지만 국내외의 반발에 부딪쳐 실패하고 말지. 신해혁명은 청 왕조의 260년 통치를 종식시킨 중국 근대화의 상징이었어. 또한 중국이 이민족인 만주족으로부터 해방되었음을 알리는 동시에 수천년의 황제시대를 마치고 민중이 주인이 되는 공화정이 시작되었음을 알리는 것이었단다.

● **삼민주의란?**

쑨원이 주장한 삼민주의란 미국과 프랑스의 혁명사상에 사회주의를 조합시킨 것으로 민족주의, 민권주의, 민생주의를 포함하는 것이란다. 민족주의는 만주족의 청조를 타도하고 한족의 주권을 회복하는 것이고, 민권주의는 전제왕조를 타도하고 모든 국민이 정치적으로 평등한 권리를 갖게 되는 공화국을 건설하자는 것이며, 민생주의는 국민 생활의 안정을 위한 개혁을 실시하자는 것이었어. 이후 쑨원의 삼민주의는 신해혁명의 원리 및 중화민국의 건국이념으로 자리잡게 된단다.

메이지유신과 일본의 대륙 침략

거참 어렵네.

맴 맴 맴 맴…

뭐가 그렇게 어렵다고 난리야?

청 짓는 거 말이야. 어서 지어서 신고하러 가야 하는데….

맴 맴 맴

메이지유신 전에는 사무라이를 위해 전쟁터에 끌려갈 때 아니면 군대 갈 일이 없었잖아.

그런데?

메이지유신 이후에는 사무라이가 아닌 천황을 위해 군대를 만든다고 1875년부터 의무적으로 군대에 가야 하는 징병제로 바뀌었잖나.

아, 그거야 이유가 있으니까.

세계사 징검다리

메이지유신과 일본의 변화상

1866년 사쓰마 번의 지도자, 사이코 다카모리와 조슈 번의 기도 다카요시는 삿초동맹을 맺고 그들이 모시던 도쿠가와 쇼군의 지배에 도전하는 쿠데타를 감행했습니다.
당시 일왕의 권력을 회복하기 위해 사카모토 료마가 이들을 황실에 천거했다고 알려져 있습니다.
이들이 지지한 고메이 천황이 1867년 세상을 떠나자, 메이지 천황이 그 뒤를 이었습니다.

드디어 일본에도 헌법 심의를 위한 추밀원이 설치되었습니다. 1889년 일본 제국 헌법 공포, 다음 해 제국의회가 발족하여 아시아에서 처음으로 본격적인 입헌군주제·의회제 민주주의 국가가 완성되었죠. 수도 이전이 결정되기까지, 교토에서는 오사카 천도론이 대두되기도 했지만 결국 에도를 수도로 삼고 도쿄로 이름을 바꾸었습니다.

사이코 다카모리 / 사카모토 료마

메이지 정권은 아주 바쁘게 여러 개혁을 진행했습니다. 주요 개혁으로는 학제 개혁, 지조 개정, 징병령, 그레고리력 채용, 사법제도 정비, 단발령, 연호 채용 등입니다.
모든 개혁이 급격하게 진행된 탓에 농민들의 불만이 적지 않았습니다.

급격하게 진행된 메이지유신으로 인한 부작용

일본은 한의학이 없습니다. 서양의 것은 무조건 옳고 좋다는 정부 개혁의 분위기 때문에 한의학은 일본에서 거의 사라졌습니다.
그레고리력 즉, 서양의 달력을 받아들이면서 아시아권 고유의 문화가 사라졌습니다.
음력 설날, 추석 같은 고유의 명절과 절기가 모두 없어진 것입니다.

제국 의회는 오늘부로 해산

청일전쟁 이후 맺어진 톈진조약에 따라 조선에 출병할 때는 청, 일 양국 모두 서로에게 알릴 의무가 있다. 청은 이번에 조선에 출병을 한다고 우리 일본에 통보해 왔다. 따라서 준전시체제로 전열을 정비함과 동시에 제국 의회를 해산하고 조선에 군대를 보낸다.

총리대신 이토 히로부미

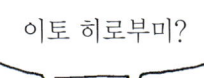

200년 동안 쇄국정책을 펴던 일본이 1854년 페리 제독이 이끄는 미국 군함의 위세에 눌려 개항한 사실은 다 알고 있지? 그 후 일본에는 개항과 함께 개혁의 바람이 거세게 불었단다. 그 결과 메이지유신이라는 개혁운동이 일어났지. 이번에는 일본의 개항과 근대화가 어떻게 전개되었는지, 주변국과의 관계는 어떠했는지 다시 한 번 살펴볼까?

메이지유신과 그 영향

1854년, 페리 제독이 이끄는 미국 군함이 일본에 발을 들여놓은 후, 일본 막부체제는 크게 요동쳤단다. 개항 후 외국 상품이 대량 유입되자 국내 경제 또한 큰 타격을 입었지. 이 때문에 일본 사회는 큰 혼란에 빠졌고, 국민들의 생활은 날로 곤란해졌단다. 하지만 당시 일본을 통치하던 막부는 제대로 된 해결책을 제시하지 못했어. 이때, 서남부의 막부 반대 세력이 국왕 중심의 새로운 정권을 세우면서 개혁을 추진했단다. 이것이 바로 '메이지유신'이야. 1868년 왕에 즉위한 메이지 천황은 쇄국정책에 마침표를 찍고 적극적인 개방정책을 폈단다. 일본 역사에 있어서 무사들의 힘에 밀려 정치적인 권력이라곤 거의 없었던 천황이 근대화의 중심에 나서게 된 거야. 이때 메이지 천황이 발표한 개혁 5개 조항이 있었는데 그 내용은 다음과 같단다.

1. 널리 회의를 열어 모든 일은 공론에 따라 결정한다.
2. 상하가 한마음이 되어 정치를 실행한다.
3. 관리에서 서민에 이르기까지 각기 그 뜻을 펴게 하여 인심이 나태해지지 않도록 한다.
4. 잘못된 옛 풍습을 버리고 모든 일은 천지의 공도(公道 : 국왕의 법도)에 근거한다.
5. 세계에서 지식을 찾아 왕국의 기초를 굳건히 한다.

→ 메이지유신 이후 변화된 일본

메이지유신 이후 일본 사회에는 적지 않은 변화의 바람이 불었어. 1872년에는 일본의 정치가들이 교육과 산업 그리고 서구의 생활방식을 배우기 위해 유럽과 북아메리카로 떠나는 일이 잦았지. 그 후 일본에 공장이 세워지고, 농업 국가에서 산업 국가로 탈바꿈하기 시작했단다. 철도망이 건설되고 일본은행이 문을 열었으며, 새로운 교육제도가 들어왔어. 모든 국민들에게 교육의 길이 열렸고, 농부에게는 땅을 소유할 수 있는 권한을 주었지. 일본의 해군과 육군 또한 현대식 군대로 바뀌었고 말야. 이렇게 메이지유신 이후 일본은 빠르게 근대화해 갔단다.

일본의 식민지 전쟁

메이지유신을 계기로 시작된 일본의 근대화는 군사력에도 영향을 미쳤어. 근대화의 영향으로 군사력을 키운 일본은 본격적으로 식민지 확보를 위한 전쟁에 나섰지. 1895년 청일전쟁을 통해 대만을 자신의 영토로 만들었을 뿐만 아니라, 텐진조약을 맺어 조선에서의 권한을 키워놓았어. 또한 1904년에는 아서 항을 점령하고, 러시아 함대를 파괴하며 러시아에 선전포고를 하면서 러일전쟁을 일으켰단다. 결국 식민지 확보를 위해 나선 두 번의 전쟁에서 승리한 일본은 1910년, 한국을 일본의 식민지화하는 데 성공했지. 그 후 1912년, 메이지 천황의 죽음과 함께 메이지시대를 마감한 일본은 세계적인 강대국 대열에 서게 됐단다.

→ 청일전쟁

메이지유신을 시작으로 일본은 영토 확장에 열을 올렸다는 건 알고 있지? 1894년~1895년에 벌어진 청일전쟁은 우리나라의 지배권을 놓고 일본과 청나라가 벌인 전쟁이란다. 여기서 승리한 일본은 청나라와 시모노세키 조약을 맺게 되지. 시모노세키 조약의 대표적인 내용은 조선국이 완전한 자주독립국임을 인정하고 청국의 랴오둥반도와 타이완 및 펑후섬 등을 일본에 할양한다는 것, 그리고 청국이 일본에 배상금 2억냥을 지불하며 사스·충칭·쑤저우·항저우를 개항한 뒤 일본 선박이 자유롭게 통행할 수 있도록 용인하며, 일본인의 거주·영업·무역의 자유를 승인하는 것 등이야.

→ 러일전쟁

러일전쟁은 한반도와 만주 지배권을 놓고 벌인 러시아와 일본 사이에 벌어진 전쟁을 말해. 러시아가 만주를 차지하고 조선으로 남하하려 하자, 일본은 러시아를 견제하기 위해 영국과 동맹을 맺었어. 그러던 중 1904년 러시아에 위협을 느낀 일본이 뤼순의 러시아 함대를 공격하면서 전쟁은 시작되었지. 미국과 영국의 지원을 받아 전쟁에서 승리한 일본은 러시아와 포츠머스조약을 체결했단다. 이를 계기로 일본은 우리나라에 대한 지배 권한을 국제 사회에서 묵인받게 되었지.

8장
서아시아의 근대화

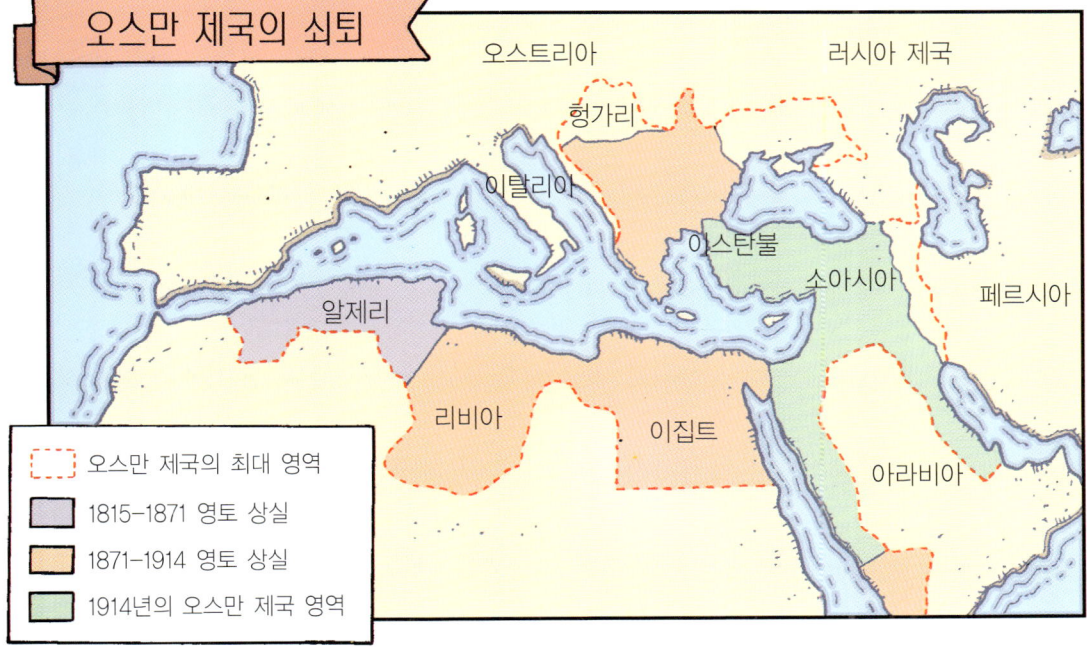

세계사 징검다리

오스만 제국의 근대화 탄지마트

탄지마트(1839~1876)는 오스만 제국의 근대화 개혁정책으로 은혜개혁이라고도 불렸습니다.

술탄, 압둘 메지드 1세는 1839년 11월 3일 귈하네 칙령을 선포합니다.

우리 오스만 제국의 낡은 제도는 더 이상 필요 없다! 급진적인 개혁을 단행한다.

탄지마트 전문

압둘 메지드의 탄지마트 주요 칙령(1839)

1. 술탄의 권한과 부를 입법부인 의회에 넘기고 의회는 술탄의 승인을 얻어서 법을 제정한다.
2. 이슬람교도와 비이슬람교도 모두 법률 앞에서 평등하다.
3. 생명과 재산의 안전을 법으로 보장한다.
4. 누구나 공개 재판을 받지 않고서는 처벌받지 않는다.
5. 세금 징수 제도를 제정하고 세금 징수 청부 제도를 없앤다.
6. 군대의 징집에 대한 규정 및 근무 기간을 설정한다.
7. 지방 장관에 대해서는 급료를 주고, 지방민으로부터 임의로 직접 세금을 징수하는 것을 금지한다.

탄지마트로 인해 군도 징병제로 바뀌었대.

군복은 이제 프로이센식이야!

이슬람 학교가 아닌 일반 학교도 생기고.

행정제도, 토지제도, 사법제도도 바뀌었지.

부패한 관리도 몰아내자!

우린 개혁파

이러한 노력에도 불구하고 탄지마트는 결국 실패하고 말았습니다. 개혁의 불길이 오스만 제국 전역에 퍼지지 못했고, 중앙 집권화에 불만을 품은 세력과 보수주의자들의 방해가 컸기 때문이었죠. 게다가 열강의 욕심이 주권을 위협하면서 개혁의 기세는 점점 사그라들었습니다.

세계사 인터뷰

청년 투르크 당원을 만나다!

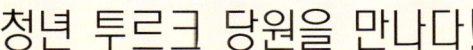

혁명에 성공한 청년 투르크 당원. 그들은 오스만 투르크에서 입헌군주제로 가는 혁명을 성공시켰다. 그 일원 중 한 명을 만나 소감과 향후 계획을 물어 보는 시간을 가졌다.

 먼저 청년 투르크 당원 중 한 분이 맞으신지요?

 맞습니다. 나뿐만 아니라 많은 청년 지식인, 군인들이 주축이지요.

탈라트 파샤

 청년 투르크 운동 초창기에 특히 어떤 부분에 역점을 두었는지요?

 초창기에는 입헌군주제의 부활을 위해 전력을 다했어요. 개혁 운동에 동참하고 힘을 실어줄 만한 개인과 단체를 설득, 모집하기 시작했고 같은 해인 1906년 테살로니키에서 메흐메트 탈라트 파샤가 연합전보위원회를 결성했습니다.

 연합전보위원회가 청년 투르크당 혁명의 시초였군요. 그럼 이젠 파리총회 이야기를 좀 듣고 싶습니다.

 지지 세력을 모은 연합전보위원회는 프랑스 파리에서 총회를 열었는데, 사실상 파리총회의 목적은 오스만 투르크 제국에 대항하는 혁명이었죠. 그만큼 민족주의적 열정이 대단했던 것 같습니다.

 1908년 6월 12일, 마케도니아의 제3군이 수도 이스탄불을 향해 진군해 마침내 청년 투르크당 혁명이 성공했는데요, 앞으로의 계획은?

 먼저 헌법을 부활시켜야죠. 또한 의회제를 도입해 전국적인 의회 선거를 실시할 생각입니다.

엔베르 파샤(1881-1922)

청년 투르크당의 조직가

 부디 오스만 제국을 위해 많은 일을 해주세요.

 감사합니다.

청년 투르크당은 제1차 세계대전에 참전했지만 패전국에 속했고, 그 후 당 지도부들이 국외로 탈출하면서 1922년 11월에 자연스럽게 해산되고 맙니다.

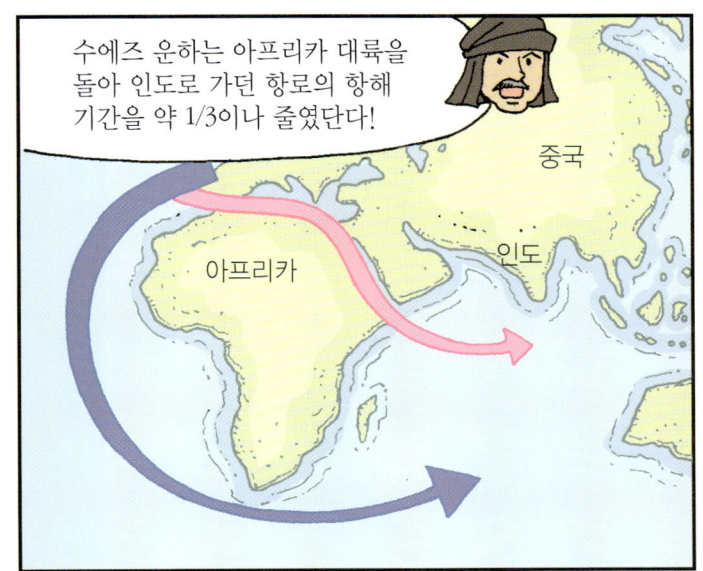

아랍의 근대화 운동에 큰 물줄기를 만든 와하브 운동

18세기 중엽, 무하마드 압둘 와하브는 아라비아 반도에서 '순수한 이슬람으로 돌아가자'는 운동을 벌이며 오스만 제국의 개혁을 거부, 저항했습니다.

이슬람의 세속화를 반대하는 종교운동이었던 와하브 운동은 점차 민족운동으로 발전, 사우디 왕실과 결합하여 와하브 왕국을 탄생시켰습니다.

와하브 운동은 후일 사우디아라비아의 왕국 탄생에 기여했으며, 왕국의 중심 사상이 되었습니다. 이후 오늘까지도 사우디아라비아의 중심 사상으로 자국민들의 정치와 삶을 지배하고 있습니다.

수에즈 운하 건설로 항로가 어떻게 바뀌었을까?

운하의 규모 길이 162.5km
수면의 너비 160~200m
깊이 19.5km
수에즈 운하 통과 소요 시간 약 15시간

1922년, 이집트는 영국으로부터 독립했으나 수에즈 운하는 제2차 세계대전이 끝난 후에도 영국이 지배권을 가지고 있었습니다. 그 후 1956년 이집트의 나세르 대통령은 국제적 여론의 지지에 힘입어 수에즈 운하의 국유화를 선언하고, 이집트의 품으로 되돌려 놓았습니다.

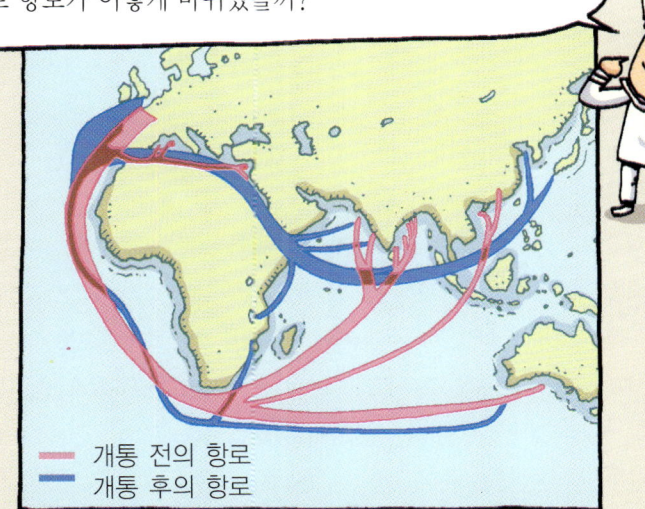

세 대륙에 걸친 광대한 영토를 지배하고 있던 오스만 제국은 유럽 강대국의 침략과 소수 민족의 반란으로 인해 점점 쇠퇴의 길을 걸었단다. 유럽 열강들의 신항로 개척에 의해 무역의 중심이 지중해에서 대서양으로 옮겨가면서 오스만 제국은 대제국이란 이름이 무색해졌지. 오스만 제국의 쇠퇴 과정은 과연 어떠했는지 그 변화의 흐름을 짚어 보자꾸나.

오스만 제국의 쇠퇴, 갈수록 줄어드는 영토

1798년~1923년까지 서아시아의 강대국이었던 오스만 제국은 본격적으로 쇠퇴의 길에 접어들었단다. 다른 나라의 침입은 물론 전쟁, 독립을 요구하는 주민들의 반란이 만만치 않았거든. 그 과정을 한번 살펴볼까.

1798년	나폴레옹이 이끄는 프랑스군이 이집트와 시리아를 공격했으나 영국에게 격퇴됨
1830년	1821년, 그리스가 독립 전쟁을 일으키자 강대국들의 압력에 굴복해 그리스를 독립시킴
1875년	급속도로 나빠진 재정 상황으로 인해 실질적인 파산 상태에 빠지자 오스만 제국의 술탄은 국가 채무 이자 지불 중단을 선언
1878년	술탄, 헌법을 중지시킴
1878년	러시아와 오스트리아의 요구에 굴복해 몬테네그로, 세르비아, 루마니아의 독립을 인정
1908년	청년 투르크혁명 발발
1911년	이탈리아에 의해 리비아 합병
1912년	발칸전쟁 이후 오스만 제국의 발칸 반도 지배권 완전 상실

→ 발칸전쟁이란?

발칸 반도의 국가 그리스, 몬테네그로, 세르비아, 불가리아는 오스만 제국과 북쪽의 오스트리아의 위협에 대항하기 위해 발칸동맹을 맺는단다. 이 무렵 오스만 제국은 아프리카 식민지를 놓고 이탈리아와 전쟁을 벌이고 있었지. 이때 밀리는 오스만 제국의 위기에 자신감을 얻은 발칸동맹은 오스만과 전쟁을 벌인단다. 이 전쟁이 발칸전쟁(1912년)이야. 전쟁의 결과는 근대화 무기로 무장한 발칸동맹의 승리로 끝나고 말아. 이를 계기로 오스만 제국 내에서는 근대화의 움직임이 더욱 활발하게 일어났단다.

오스만 제국의 멸망

투르크혁명과 발칸전쟁을 치르며 절반 이상의 영토를 상실한 오스만 제국은 제1차 세계대전 때 독일과 오스트리아의 동맹국에 가담한단다. 하지만 연합군이 승리하면서 파리강화회의의 결과대로 세브르조약을 맺게 되지. 그 내용은 오스만 제국의 식민지를 빼앗고, 아랍국 영토를 할양하며, 외국 군대의 주둔 및 군비를 제한한다는 것이었어. 이때 당시 군사령관을 지낸 케말 파샤가 세브르조약에 반대하며 앙카라에서 대국민의회를 소집한단다. 이어 임시정부를 세우고 민족 운동을 벌이지. 그 과정에서 술탄제를 폐지하고 1923년, 터키 공화국을 성립시킨단다. 오스만 제국의 끝을 알리는 터키혁명이 일어난 거야. 1923년 연합국과 새로운 조약을 체결한 케말 파샤는 터키 공화국의 초대 대통령이 됐지. 이후 그는 정치와 종교, 신분 제도의 철폐, 태양력 사용, 로마자의 사용 등 터키의 근대화에 앞장섰어. 이와 함께 오스만 제국은 역사 속으로 사라졌단다.

수에즈 운하

지중해와 홍해가 연결되고, 아프리카 대륙과 아시아를 나누는 수에즈 운하는 유럽과 인도양 및 서태평양을 연결하는 최단거리의 항로란다. 1859년 카이로의 프랑스 영사였던 페르디낭 드 레셉스에 의해 시작된 수에즈 운하 건설은 프랑스의 황제인 나폴레옹 3세도 큰 관심을 가졌을 만큼 세계의 시선이 집중되었던 사업이었어. 하지만 결국 공사비를 충당하기 위해 마련한 주식의 대부분을 영국이 구매한 탓에 수에즈 운하의 경영권은 영국이 가져가게 되었지. 이 때문에 수에즈 운하 완공 후 정작 이득을 본 건 영국이었어. 이집트의 수에즈 운하 건설에 어떠한 역할도 하지 않고 1869년 운하 개통과 함께 가장 큰 혜택을 받게 된 거야. 길이 160km에 달하는 수에즈 운하는 영국에서 인도로 가는 길을 약 9,900km 단축시켜 줬거든. 이후 영국은 다량의 통행료는 물론 유사시 봉쇄가 가능하다는 이유로 기를 쓰고 경영권 유지에 힘썼지. 1956년, 이집트의 대통령인 나세르가 강제로 국유화하기 전까지 수에즈 운하는 계속 영국의 소유였단다.

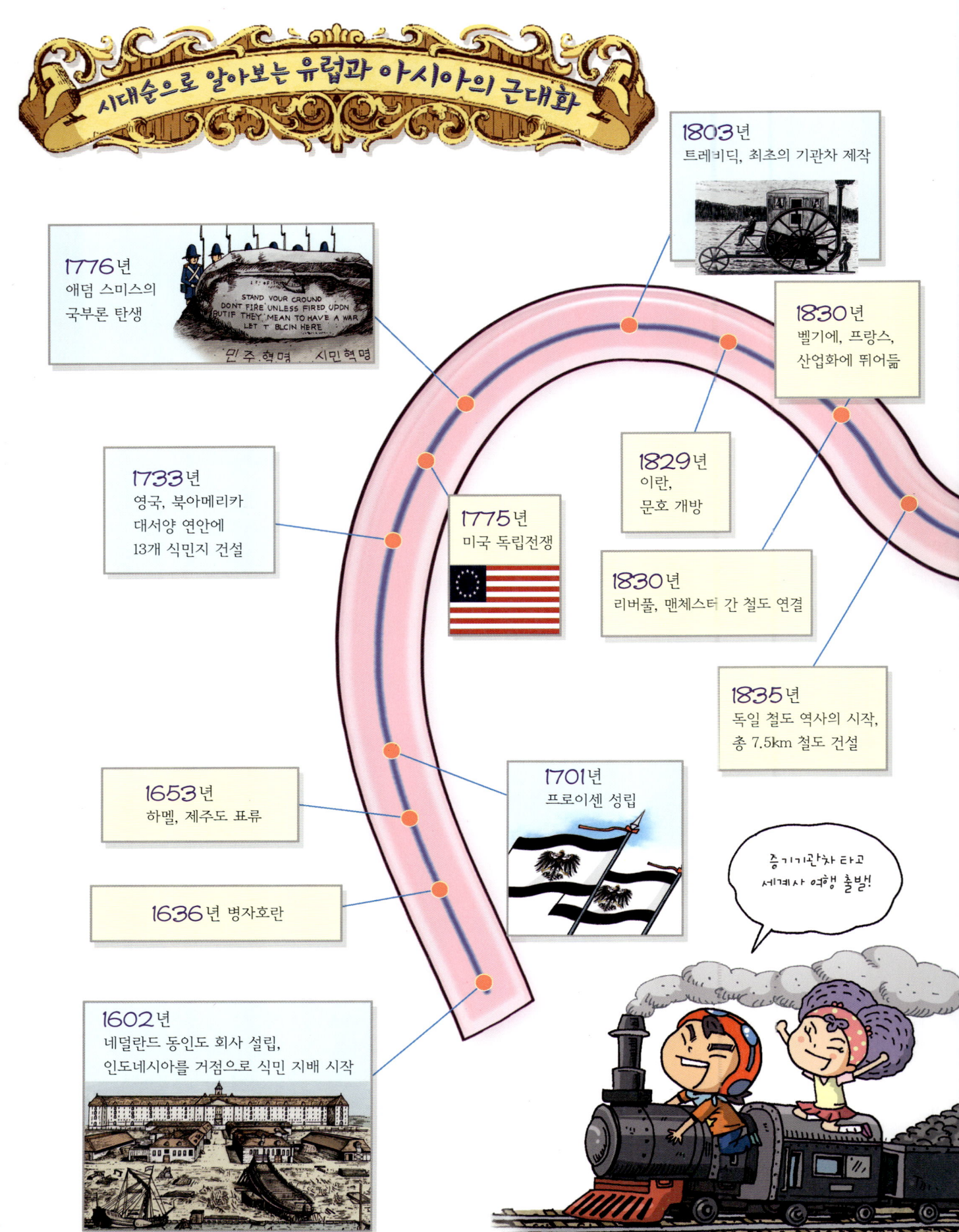

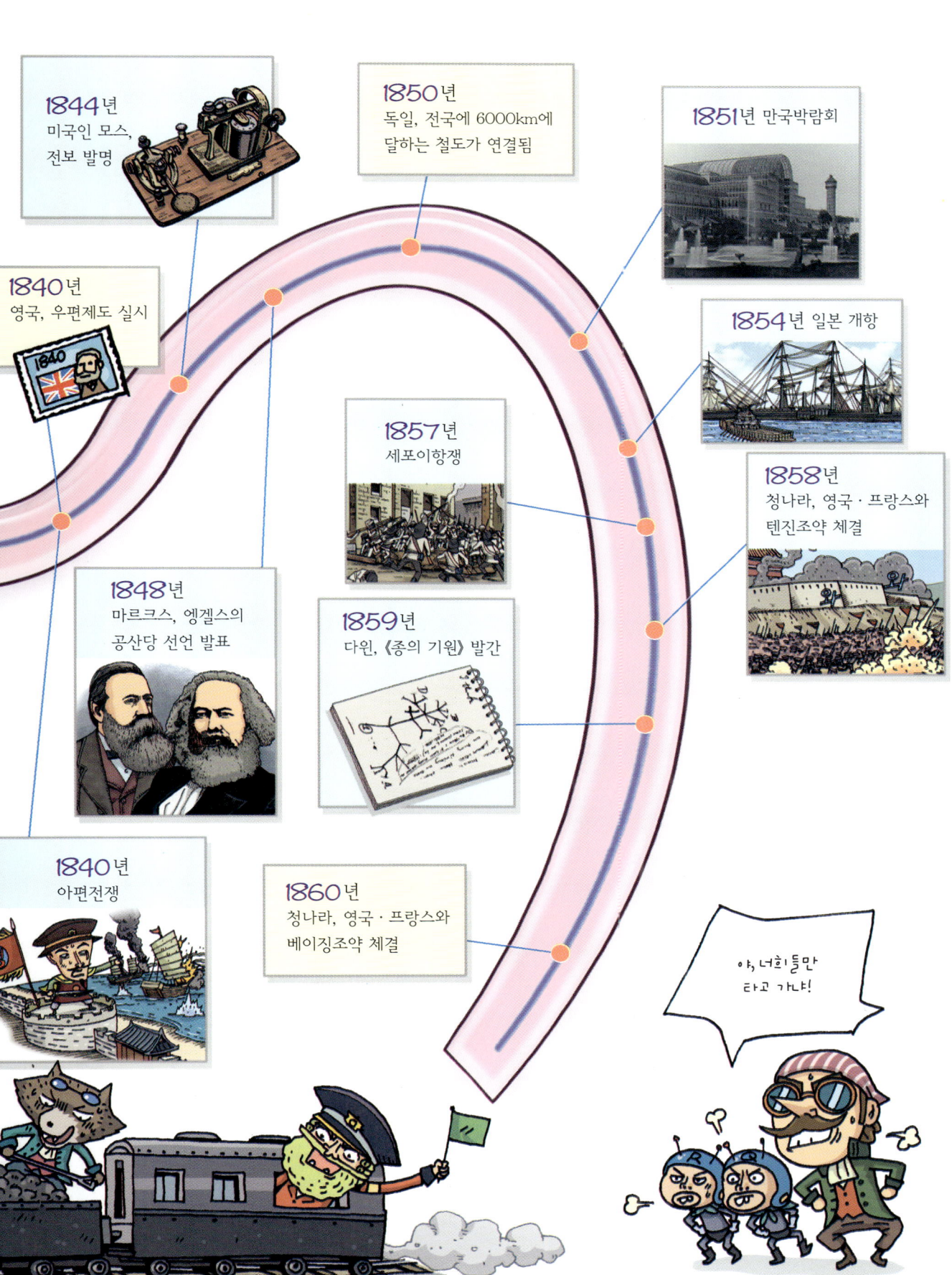

1893년

| 타이, 중립국 지위를 인정받음 | 프랑스, 라오스를 보호국으로 강제 병합 |

1897년
대한제국 성립

1890년
러시아, 뒤늦게 산업화에 뛰어듦

1881년
로마, 나폴리 전화 연결

1895년
뢴트겐, x선 발명

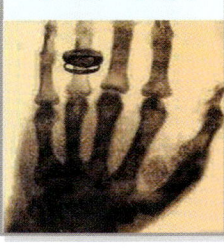

1876년
벨, 전화기 발명

1898년
필리핀, 스페인으로부터 독립

1875년
영국, 수에즈 운하 강탈

1869년 일본, 도쿄 천도

1868년 일본, 메이지유신

1863년
링컨, 노예 해방 선언

야, 늑대! 꽉 잡으란 말야!

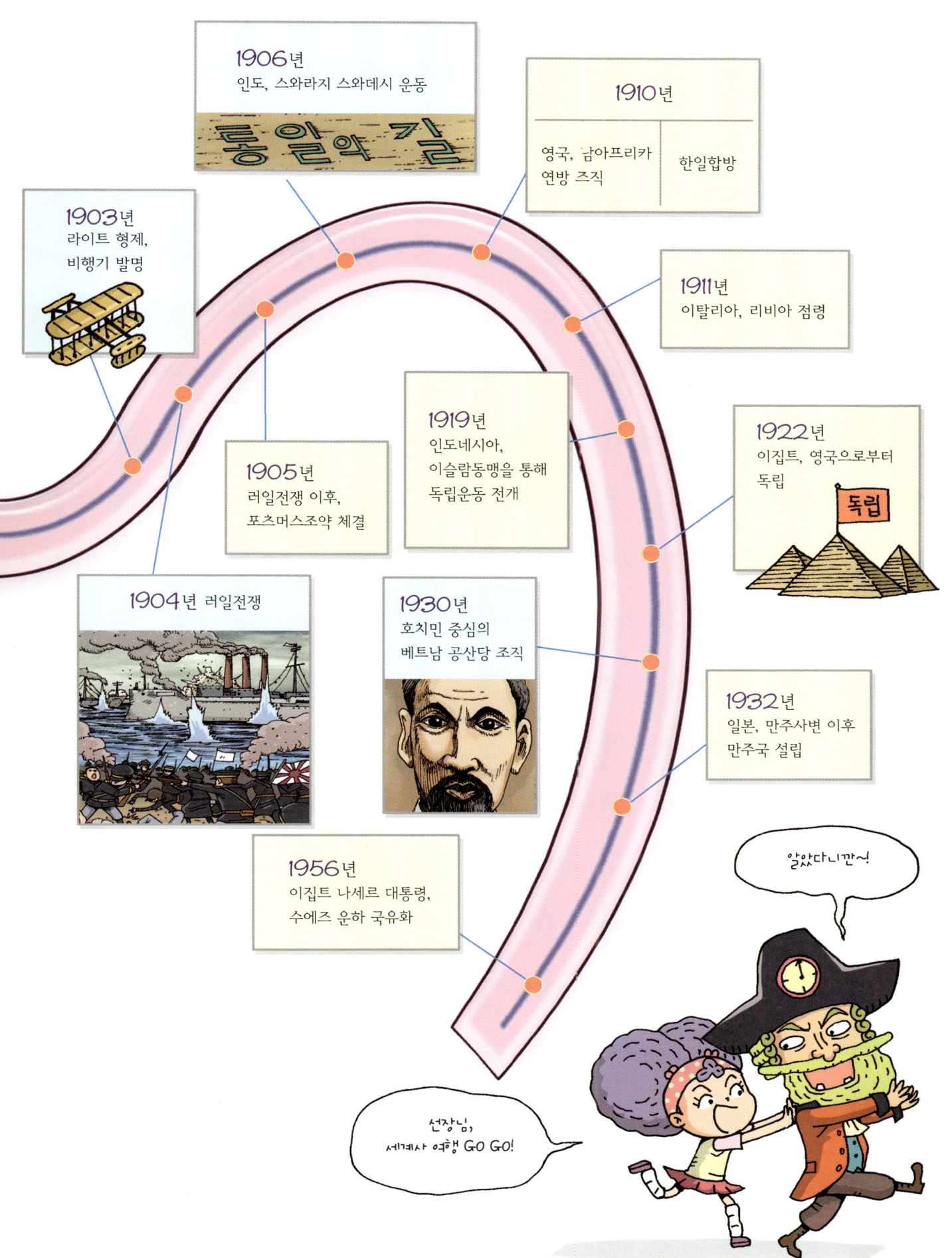

세계 석학들이 뽑은
만화 세계대역사 50사건

THE GREAT HISTORY

★ 2011 한국과학창의재단 우수과학도서 수상!
★ 2013 출판문화진흥원 10월 청소년 권장도서 선정!
★ 2014 고려대 스페인·라틴아메리카 연구소장 추천도서!
★ 2012 소년한국 우수어린이도서 특별상 수상!
★ 2013 주한 알제리 대사 추천도서!

- 교육 최전선에 있는 현직 교사들이 집필진에 대거 참여!
- 논술과 입학사정관제를 준비하는 최고의 종합인문교양서!
- 아이부터 부모까지 온가족이 함께 읽는 세계사 입문서!

김창희 외 글 | 진선규 외 그림 | 손영운 기획 | 초등 5학년~청소년 | 220쪽 내외 | 각권 13,000원 | 세트 66만원(가이드북 포함)　★ 가이드북, 연표 포스터 수록

01 로마의 탄생과 포에니 전쟁	11 양자역학과 현대과학	21 태평천국운동과 신해혁명	31 메이지 유신과 일본의 근대화	41 카스트로와 쿠바 혁명
02 진시황과 중국의 통일	12 루터와 종교개혁	22 산업혁명과 유럽의 근대화	32 올림픽의 어제와 오늘	42 신흥대국 중국과 동북공정
03 아인슈타인과 상대성 원리	13 넬슨 만델라와 인권운동	23 루이 14세와 절대왕정	33 호찌민과 베트남 전쟁	43 마야와 잉카 문명
04 칭기즈 칸과 몽골 제국	14 십자군 대원정	24 청교도 혁명과 명예혁명	34 비스마르크와 독일 제국의 흥망성쇠	44 태평양 전쟁과 경제대국 일본
05 예수와 기독교의 시작	15 나폴레옹과 프랑스 제1제정	25 페르시아 전쟁과 그리스의 번영	35 코페르니쿠스와 과학 혁명	45 스푸트니크호와 우주 개발
06 르네상스와 휴머니즘	16 간디와 사티아그라하	26 빅토리아 여왕과 대영제국	36 마오쩌둥과 중국 공산당	46 석가모니와 불교의 발전
07 독일 통일과 소련의 붕괴	17 무함마드와 이슬람 제국	27 잔 다르크와 백년전쟁	37 대공황 이후 세계 자본주의의 발전	47 라틴 아메리카의 독립과 민주화
08 미국의 독립전쟁	18 마르크스·레닌주의	28 실크 로드와 동서 문명의 교류	38 춘추 전국 시대와 제자백가	48 알렉산드로스 대왕과 헬레니즘
09 그리스 철학의 황금시대	19 로마 제국의 황제들	29 동인도 회사와 유럽 제국주의	39 유럽 통합의 역사와 미래	49 팔레스타인과 이스라엘의 분쟁
10 카이사르와 로마 제국	20 파라오와 이집트	30 제2차 세계대전	40 아프리카의 독립과 민주화	50 프랑스 대혁명

주니어김영사